AF369264

PASOS 1946

ExLibric

LUIS RODRÍGUEZ OLIVARES

PASOS 1946

EXLIBRIC

ANTEQUERA 2021

PASOS 1946
© Luis Rodríguez Olivares
Diseño de portada: Dpto. de Diseño Gráfico Exlibric

Iª edición

© ExLibric, 2021.

Editado por: ExLibric
c/ Cueva de Viera, 2, Local 3
Centro Negocios CADI
29200 Antequera (Málaga)
Teléfono: 952 70 60 04
Fax: 952 84 55 03
Correo electrónico: exlibric@exlibric.com
Internet: www.exlibric.com

ISBN: 978-84-18912-99-3

Nota de la editorial: ExLibric pertenece a Innovación y Cualificación S. L.

LUIS RODRÍGUEZ OLIVARES

PASOS 1946

Si hay algo en el mundo para crear ficciones, es la radio.
Si hay algo idóneo para crear ficción y sueños, es la radio.

Antonio Calderón

A Juana Ginzo

I. Prólogo

El fuego

Una vida calcinada: papeles, cintas magnetofónicas, notas, cartas, apuntes. El fuego devoró todo el material. Las palabras fueron desapareciendo de la superficie de hojas y láminas que, a su vez, quedaban carbonizadas, perdían peso y se elevaban como globos ennegrecidos a causa del calor de las llamas, y se desintegraban en minúsculas fracciones. Olor a celulosa quemada. Se deshacía la tinta con la que habían sido escritas las palabras, a máquina o a mano, hasta dejar de existir. Se evaporaban las ideas por la combustión del soporte que las sustentaron.

Antonio Calderón había prendido el fuego intencionadamente. Es difícil imaginar el grado de ofuscación que le llevó a hacer tal cosa, quemar todos aquellos objetos que eran testigos de su vida profesional, piezas a modo de hitos de su trayectoria de gran creador. Hacía tiempo que la empresa radiofónica para la que había trabajado siempre le había jubilado en contra de su voluntad, pero aun antes, mucho antes, se había sentido maltratado, no comprendido, y ahora podía contemplar retazos de su obra amontonados e incandescentes. El crepitar de las brasas era como una sinfonía que subrayaba la escena. El zumbido de las llamaradas bien podría haber sido el efecto especial que daba el justo dramatismo a un capítulo del serial que contara la historia de su vida. Un final apoteósico.

El calor retorcía las cintas magnetofónicas y las convertía en una pasta sin la forma que le era propia. Un tufo desagradable. Aquellas tiras de plástico cubiertas por una capa de partículas de hierro magnético, enrolladas en carretes, habían contenido el sonido de voces extraordinarias que bajo su dirección interpretaron obras maestras escritas por él mismo que se extinguían sin remedio abrasadas, consumidas por el fuego. Por la ira, por la razón aturdida. O quizás fue un gesto romántico, literario, que le llevó a reducir a cenizas lo que con tanto esfuerzo había construido. Toda una vida. Quizás pudo entrever entre el humo los títulos de los guiones que tanto había apreciado y que creyó en su momento que eran merecedores de ser guardados. *La partida; Saray; Concierto en la; El río, la calavera y el barco; Viajes y narraciones; Historias de medianoche...* Ahora arde aquel otro del que casi no guardaba memoria a pesar de ser una de las claves de su biografía: *Pasos.*

Y así fue como *Pasos* se disolvió en la hoguera, letra a letra, hasta desaparecer por completo y entrar en el mundo de la leyenda.

II. La emisión perdida

Una leyenda

Pasos es una obra cumbre de la radio. Una leyenda. Una leyenda perdida en el tiempo, un guion que sirvió para realizar un espacio radiofónico de treinta minutos de duración con las herramientas precarias con que contaba aquel medio casi indigente en 1946. Tan pobre y menesteroso como el propio país no recuperado de la guerra que había terminado siete años atrás. Y, aun así, guion y espacio han venido siendo considerados desde entonces como un hito, un capítulo de especial importancia que marcaría el desarrollo posterior de la historia.

Digámoslo ya porque es sabido. Todo se debe al genio de uno de los más grandes creadores de la radiodifusión española: Antonio Calderón.

Pasos y su recuerdo han viajado en el tiempo hasta nuestros días, perdiendo no pocas veces su auténtico significado, convertido en anécdota a fuerza de repetir las circunstancias en que nació el colosal empeño, empresa esforzada dadas las limitaciones técnicas de aquel tiempo. Calderón exprimió al máximo los recursos con que contaba, elevó el nivel de exigencia —su propia y célebre exigencia— hasta límites no conocidos entonces y puso las bases de unos principios que ya no pudieron ser discutidos o puestos en duda. Ese es el valor de esta obra y de otras del mismo autor, tan valiosas como aquella, que deben ser analizadas hoy teniendo en cuenta los criterios de la época en que fueron creadas. Eso aumentará el valor del producto.

La anécdota dice que lo que se cuenta en *Pasos* es la historia de un error médico y un crimen alrededor de un personaje mudo cuya peripecia seguimos por el sonido de sus pasos, un efecto especial elevado a categoría de protagonista. Un más difícil todavía que se ha relatado con todos los adornos posibles, según la elocuencia del narrador. Es el propio Antonio Calderón el que, en su ensayo *La radio medio de expresión*, describe con exactitud su trabajo:

> … *la función narrativa, la línea del relato la marca una serie de efectos sonoros cuya constante son los pasos de un hombre. Apenas hay palabras, todo es acción y sus imágenes y distintas secuencias son sugeridas y adquieren realidad en la mente del receptor a través del lenguaje de unos pasos. Los pasos del protagonista, que es mudo. La experiencia iba más allá de la simple demostración virtuosa del más difícil todavía. Lo que se trataba de demostrar, y se demostró, era que el lenguaje radiofónico poseía características que le conferían facultades diferenciales como medio de expresión.*

Esa es la clave de tan singular historia. O mejor, ese es el código secreto que desveló Calderón hace tantos años. La radio es esencialmente un medio de expresión y el guion —el guion dramatizado en este caso— es su más sobresaliente soporte. Incluso llegó a decir con énfasis que el guion «es la radio misma». Esta afirmación es un asunto de gran significado y aparecerá sin remedio a lo largo de este texto.

Sin embargo, a pesar de las evidencias de su importancia, existe un gran desconocimiento sobre *Pasos*, su génesis, su contenido, sus características de emisión, que han quedado sepultadas en las brumas del tiempo y convertidas en algo irreal y misterioso. Se han hecho indagaciones exhaustivas allí donde era posible obtener datos ciertos, incluidas conversaciones y entrevistas con el autor, pero siempre surgían dificultades insalvables. No es la menor de ellas el año en que todo aquello sucedió.

No existen grabaciones de *Pasos* porque no se grabó, se emitió en directo. Así se hacía en 1946 en Radio Madrid de la Cadena SER. La primera grabación de un dramático de que se tiene constancia fue la serie *Los episodios nacionales*, de 1947, según la obra de Galdós adaptada por José Méndez Herrera y dirigida por Calderón. Y este es un punto interesante que nos conecta con nuestra historia. Se utilizaron discos de acetato prestados por la Casa Americana, una dependencia de la Embajada de Estados Unidos, situada en el número cinco de la calle Don Ramón de la Cruz de Madrid. Los llevó a la emisora de la Gran Vía, entonces avenida de José Antonio, Carlos González, un muchacho que trabajaba en la Casa Americana, donde, durante los años de la Segunda Guerra Mundial, estaba instalada una delegación de la OWI (Office of War Information, es decir, Oficina o Departamento de Información de Guerra), una organización de propaganda conectada sin duda con la OSS (Office of Strategic Service, es decir, Oficina de Servicios Estratégicos), antecedente de la CIA, la poderosa agencia de información de Estados Unidos. En la Casa Americana se encontraba Robert Steiner Kieve, que colaboró con la SER durante tres años, puesto que uno de los objetivos de la OWI era la utilización de la radio para sus actividades.

Luego lo veremos. Tan solo adelantemos que Carlos González se convirtió en un histórico técnico de sonido y, en cierto modo, memoria de la SER. A él se ha acudido con frecuencia cuando se ha necesitado un nombre, un acontecimiento, una fecha. En cuanto a Robert Kieve, sus ideas sobre la radio y la utilización de los efectos especiales fueron el motor de la elaboración de *Pasos*. Calderón quiso desmentir a Kieve y escribió y emitió una obra fundamental.

No hay grabación. ¿Y el guion? El texto, las páginas con las palabras que habían de hacer suyas los actores y las indicaciones técnicas, ese soporte que según Calderón es la radio misma, desapareció y ni siquiera su autor pudo dar noticia de él. Fue preguntado muchas veces y otras tantas respondió que lo había perdido, que no existía. Ya se sabe por qué.

Así pues, no había grabación y ni rastro del guion. Y se multiplicaron las incógnitas que rodearon a tan singular obra maestra. Pero el azar acudió en nuestra ayuda.

El hallazgo

Mae Blanco se mudó de casa. El nuevo apartamento se llenó de enseres y cajas con los objetos más diversos empaquetados para el traslado. En una de esas cajas, dentro de una vieja carpeta, aparecieron fotografías de su padre y papeles olvidados. Se alegró de recuperar las imágenes de su padre, Enrique Blanco, y echó un vistazo a los papeles amarillentos por el tiempo, tirados a multicopista, pura arqueología. Intuyó que algo tenían que ver con la radio, puesto que su padre había sido ruidero, es decir, encargado de reproducir efectos especiales y, más tarde, una vez que los espacios dramáticos fueron desapareciendo, reconvertido en técnico de sonido, técnico de exteriores.

La vecindad y la amistad con Mae Blanco me pusieron sobre la pista de la vieja carpeta y sus papeles envejecidos. Son once guiones, todos fechados en 1946, el año de *Pasos*. Todos tienen anotaciones hechas a mano con lápices de colores, sin duda una guía para el ruidero Blanco, y alguna dedicatoria con pluma de tinta azul o negra de los autores.

Un capítulo de la serie *Hablando con la esfinge*, escrito por José de Juanes, emitido el día 9 de diciembre, a las 22:50 horas, de diez minutos de duración. Un texto sentimentaloide y cursi de exaltación de la mujer como madre y todo eso tan propio de la época.

Dos capítulos de treinta minutos de la serie *Estampas del Quijote*, escrita por José Manuel Mendo, emitido uno de ellos el 26 de septiembre. En el otro, no consta la fecha de emisión.

Mendo había sido redactor de *La Palabra,* el primer informativo diario de la radio española que nació en Unión Radio Madrid el 7 de octubre de 1930. Se emitían tres ediciones de veinte minutos entre las 8:00 y las 9:30 horas y una edición especial a las 19:00 horas. Su primera locutora fue Lolita Agulló.

Dos guiones de *Emisión infantil de Radio Madrid,* escritos por Ruiz de Velasco, Manolo Bermúdez y Teófilo Martínez. La duración es de una hora y se emitieron los días 10 y 17 de octubre respectivamente, a las 19:30 horas. Eduardo Ruiz de Velasco y Manolo Bermúdez formaban el dúo cómico Pototo y Boliche, especializado en emisiones infantiles. Teófilo Martínez, el eterno narrador de voz profunda cuyas actuaciones más memorables las hizo a las órdenes de Antonio Calderón, también escribió y dirigió espacios radiofónicos.

Dos guiones firmados por José Méndez Herrera, sin especificaciones significativas ni hora de emisión. Por la extensión del texto, su duración estimada es de treinta minutos. Corresponden a la serie *Así es Norteamérica*. Narran peripecias de la vida de los poetas Longfellow y Robert Frost, y no me resisto a relacionarlos con la labor propagandística que Robert Kieve estaba desarrollando en Radio Madrid. Méndez Herrera trabajaba en la Casa Americana como traductor y, como tal, hacía la versión al castellano de los guiones que escribía el americano. El círculo se va cerrando. Todo nos lleva a *Pasos*.

Y, por fin, apareció el nombre de Antonio Calderón y el del seudónimo que empleó muchas veces, Percy Brown. Primero vi el texto titulado *Maruf y la cornalina mágica*. Es un capítulo de la serie *Las mil noches y una noche,* emitido el 14 de septiembre a las 22:00 horas. Director de la serie: E. R. V., abreviatura que corresponde al nombre y apellidos de Eduardo Ruiz de Velasco. Autor: A. Calderón, que también aparece como locutor. Director del capítulo: Manolo Bermúdez. Montaje musical de Remedios de la Peña. Carmita Arenas interpreta a Scherezada y Teófilo Martínez hace de narrador. El reparto se completa con el propio Bermúdez, Ramiro Muñoz y, entre otros, Joaquín Portillo, el entrañable Portillo, que formó pareja con Luis Sánchez Polack en el dúo cómico Tip y Top, de un humor surrealista irresistible. Y un dato más: la producción está patrocinada por la firma Guantes Mario Herrero.

El universo Calderón es ya reconocible. La siguiente pieza que saqué de la carpeta fue *El diario de Cristina Bermang,* emitida el día 13 de junio a las 24:00 horas. Y después *La Dama Blanca,* radiada el 28 de septiembre a las 23:45 horas. No hay más indicaciones salvo el nombre del autor, Percy Brown (A. Calderón). Forman parte de una de las series más famosas de la época, *Historias de medianoche,* en las que el misterio, el amor y la muerte surgen de historias y escenarios románticos, oscuros y extraños. Sucesos arrebatados y personajes obsesivos. Los dos guiones son adaptaciones de relatos de la colección de cuentos escritos por Percy Brown con el título de *Viajes y narraciones.* Todos ellos fueron reunidos en el volumen del mismo nombre publicado en 1947. Brown/Calderón lo dedica «A don Manuel Aznar Gómez Acedo, jefe de programación de Radio Madrid».

Y, por fin, surgiendo del fondo de la carpeta de la vieja caja, *Pasos.* Allí estaba. Era el guion perdido durante tantos años y encontrado con la ayuda del azar, de un golpe de fortuna propiciado por el traslado de casa de Mae Blanco, que no supo hasta ese momento la importancia del hecho. El hallazgo fue emocionante, pero no sorprendente. Había seguido sus huellas mucho tiempo. Y ahí estaba el resultado de la insistencia.

El guion de *Pasos* existía y con su hallazgo sería posible recuperar sucesos y personajes extraordinarios de una época brillante de la radio española, deslumbrante incluso, pero a la que no le era permitido reflejar las miserias de aquel tiempo de posguerra y dictadura, amordazada para no desvelar los sufrimientos de los vencidos e impelida a dulcificar y barnizar vida tan difícil para la mayoría. Una radio de entretenimiento y compañía, con programaciones ramplonas en las que, sin embargo, era posible descubrir auténticas perlas. La necesidad agudizó el genio y la perseverancia de algunos de los hombres y mujeres que se dedicaron a una profesión a la que, tan temprano, se auguraba un futuro prometedor. Y, quizás por eso mismo, el esfuerzo fue recompensado con obras ejemplares y por gentes irrepetibles que iniciaron un camino que nos ha llevado hasta hoy mismo.

Además, nos permitirá subrayar la naturaleza de la radio, medio de comunicación en cuya esencia anida el gen de la información, y, al mismo tiempo, nos descubrirá las propiedades del lenguaje radiofónico, que posee características que le confieren facultades diferenciales como medio de expresión, siguiendo la cita del maestro.

Pasos I

No hubo una emisión con el nombre de *Pasos*. Hubo dos. Y el guion perdido y encontrado corresponde a la segunda de ellas. Así pues, aún hay trabajo para los investigadores, aunque sean muy remotas las posibilidades de hallar vestigios de la primera. En todo caso, es cierto que Antonio Calderón contestó con su obra una opinión expresada repetidamente por Robert S. Kieve, el americano que llegó a Radio Madrid procedente de la Casa Americana. Así lo dicen los que conocieron la historia y así lo confesó el propio Calderón.

Los ruidos de pasos y de puertas que se abren y se cierran no son radiofónicos, dijo más de una vez. Y se apoyaba, al parecer, en las enseñanzas de uno de los más grandes escritores y realizadores radiofónicos de Estados Unidos, Norman Corwin, una autoridad que extendió su magisterio hasta nuestros días. Es el repetidamente citado autor de *La radio está aquí para quedarse*

(Seems radio is here to stay), obra escrita en 1939 para la CBS donde defendía la permanencia de la radio en el futuro a pesar de la irrupción de un medio tan potente como la televisión. Uno de sus programas de más éxito fue el que dedicó a la rendición de Japón, narrado por Orson Welles, otro destacado hombre de radio, también de cine, del que sí se tenía noticia en España, puesto que en 1938 había puesto en antena la célebre emisión de *La guerra de los mundos*, basada en un relato de H. G. Wells, que provocó el pánico en la audiencia al relatar una ficticia invasión marciana.

Los ruidos de pasos no son radiofónicos, dijo Kieve. Y en su libro *El arte radiofónico*, escrito durante su estancia en España, insistió en la página 77 de la primera edición:

> *… quizás esto te sorprenda: el cerrarse una puerta, el ruido de pasos que se acercan, no se cuentan entre los efectos de sonido precisos. Con frecuencia son innecesariamente perturbadores, sobre todo cuando hay una sucesión de actores que entran y salen de la escena.*

En realidad, estaba advirtiendo contra el pernicioso abuso de los efectos especiales al que tan dados son los principiantes. *El arte radiofónico* es, ciertamente, un libro para principiantes, el primero de ese género que se editó en nuestro país. Y añadía que él, personalmente, los eliminaba de sus guiones y también de los demás siempre que podía. Afirmación tajante que llamó la atención de Calderón, quien, por otra parte, no tenía demasiada simpatía por lo que en aquella Radio Madrid significaba Kieve. Había llegado como una avanzadilla de la Embajada de Estados Unidos, procedente de la Casa Americana, sede de la OWI que, en conexión con la OSS, se ocupaba de la propaganda de guerra en España. Estaba, además, apoyado por Manuel Aznar Gómez Acedo, jefe de programas, con el que mantenía estrecha relación y con el que despachaba en todo momento, al margen de otros directivos de la empresa. Muchos de ellos le otorgaban un empalagoso trato.

> *… me sacaba de quicio la untuosidad con que le trataban los directivos de la radio, sobre todo Manuel Aznar y también Méndez Herrera…*

El que haya conocido a Antonio Calderón comprenderá lo molesto que se sentía ante la seguridad, quizás prepotencia, con que Kieve se movía sostenido por Aznar y rodeado de fieles como Eduardo Ruiz de Velasco, Manolo Bermúdez y, entre otros, José Méndez Herrera, un escritor y poeta que trabajaba, precisamente, en la Casa Americana como traductor y que, como tal, se convirtió en persona imprescindible para verter al castellano los textos escritos en inglés por Kieve. Méndez Herrera, como hemos visto, escribió también guiones originales que fueron radiados en su momento.

A este respecto y tantos años después de todo aquello, Calderón todavía guardaba en su memoria el aire de superioridad que envolvía a Kieve, aun sin proponérselo, y la condición de personaje notable que le atribuían algunos directivos y trabajadores de la emisora. Naderías como la anécdota del tabaco cobraban importancia al recordar. Tabaco rubio americano. En un país de fumadores arrasado por la guerra, prohibida la importación de muchos productos, esa clase de tabaco era un lujo. Era caro y no se podía adquirir con facilidad. Pero los ciudadanos de EE. UU.

estaban bien surtidos. Kieve era pródigo y ofrecía pitillos que eran recibidos con entusiasmo.

> *… todos esperaban el pitillo de Kieve. A mí, eso me sacaba de quicio…*

Esta anécdota quizás sea el indicio de algo más profundo.

No me resisto a recordar, haciendo un paréntesis en el relato, lo que cuenta Tim Weiner en su monumental historia de la CIA, *Legado de cenizas*. En 1945, en un Berlín devastado, con el declive y abolición de las organizaciones que eran precursoras de la citada agencia, se hizo una purga de agentes que se habían metido en el mercado negro berlinés «donde todo y todos estaban a la venta y donde dos docenas de cartones de Camel, adquiridos por 12 dólares en el economato militar estadounidense, servían para comprar un Mercedes Benz de 1939». El tabaco era un artículo con el que agentes maleados podían traficar en la Europa sin recursos y también podía servir para estrechar relaciones personales sin ninguna malicia.

Y un comunista español, Manuel Azcárate, relata en su libro de memorias *Derrotas y esperanzas* cómo en el transcurso de un azaroso viaje por Francia se encuentra en Grenoble con una división norteamericana desembarcada en la Costa Azul después de la invasión aliada por Normandía y cómo se da cuenta de la abundancia de material utilizado por los soldados, incluso del excesivo material sobrante de que hacen gala y percibe, según escribe, «que ya se había iniciado el mercado negro de cigarrillos americanos que se convertiría en moneda universal en todo tipo de intercambios».

La importancia del tabaco en situaciones de guerra y en países como la depauperada España de posguerra merecería una tesis más allá de las conocidas anécdotas de la confraternización de enemigos fieros que abandonan las trincheras para intercambiar cigarrillos o picadura y papel de fumar para liarlos. Cuando se describe cualquier escena de aquellos tiempos, se desarrolla obligatoriamente envuelta en una olorosa nube de tabaco quemado. Así lo ha hecho el cine en numerosas ocasiones.

El amigo americano —expresión sincera unas veces, otras cargada de ironía—, que le ha acompañado en más de una ocasión, no tuvo conocimiento de tales sucedidos en los estudios y estancias de la emisora madrileña, ni siquiera intuyó una supuesta rivalidad profesional con Calderón. Pasaron los años y, preguntado por la cuestión, por el hecho de que *Pasos* es una reacción a las afirmaciones que había manifestado sobre la utilización de ciertos efectos especiales, dijo:

> *Me sorprende esa pregunta. De ninguna manera. Nos conocimos. Hablamos. Pero estábamos en dos áreas distintas. Él no entró en nuestros programas y yo no tenía nada que ver con los suyos. Le reconozco como un hombre de radio de mucho talento.*

También dijo que era un hombre que se gastaba mucho humor y tenía mucha gracia. El humor de Calderón ha sido proverbial, humor acerado muchas veces, eso sí, que hería como un estilete, aunque en su personalidad había otros perfiles y no era desdeñable aquel que mostraba a un hombre que se emocionaba hasta la lágrima ante hechos o personas que lo merecían, según su apreciación, claro.

Robert Steiner Kieve trajo aires nuevos a una radio pobretona, aires del otro lado del Atlántico donde grandes emisoras se habían convertido en un medio poderoso desde el punto de vista comercial y empresarial, pero también en una plataforma formidable para iniciativas que podrían ser consideradas como arte, arte radiofónico. Los espacios dramáticos alcanzaban cotas sobresalientes. Pero también eso ofrece aspectos de desaire. No era un trabajador de la emisora Radio Madrid, no tenía contrato, no cobraba un sueldo por su tarea, pero contaba con medios para desarrollarla, instalaciones, actores, técnicos y, sobre todo, tiempo para ensayos sin límite, no tan acuciado como los demás por la urgencia de la programación. Tenía poca experiencia, como él mismo confesó, pero sí tenía conocimiento de lo que significaba el medio y de lo que en su país lo había hecho grande. Y un entusiasmo sin límites. Este personaje fascinó a Manuel Aznar, jefe de programas, que le brindó apoyo y, sobre todo, amistad, que duró hasta la muerte de este.

También impulsó actitudes democráticas que chocaban con la rutina de la casa. En una mesa del departamento de Emisiones, colocó unos libros con las hojas en blanco para que cualquiera pudiera escribir en ellos lo que quisiera, opiniones críticas o no, laudatorias o no, sobre los trabajos y las personas que los estaban llevando a cabo. Un propósito encomiable. Calderón y los que pensaban como él temieron que la iniciativa podía convertirse en un campo de batalla donde no solo se enfrentarían distintas formas de contemplar el hecho radiofónico, sino que podría derivar en enemistad y ajustes de cuentas personales.

Y allí alguien escribió que Kieve afirmaba que los ruidos de pasos y de puertas no eran radiofónicos según las enseñanzas de Norman Corwin, nombre que ya se había hecho famoso por entonces gracias a la insistencia con que era pronunciado. Eso es lo que le llegó a Calderón, que comenzó a darle vueltas a una idea, sencilla como tal, pero complicada, muy complicada de realizar. A pesar de la debilidad de los recuerdos, tenía claro lo que ocurrió:

> *En una noche, en un programa de noche, metido allí como de estraperlo, en un intermedio, me inventé una pequeña historia de un hombre que sale a la calle, no sabe a dónde va porque su cabeza está enferma y se pierde y al final, cuando va a cruzar por algún sitio, un automóvil le atropella y muere.*

El *Pasos* inicial era eso. Una pequeña historia de un hombre que al caminar deja oír sus pisadas, sus pasos. No había narrador, no había texto que interpretar. Así reconstruyó el esquema de aquel primer guion:

> *Ambiente de calle. Pasos de un hombre que se acercan, se mantienen y se alejan. Por lo dubitativo de los pasos, sus idas y venidas, y los ambientes cambiantes, nos damos cuenta de que no sabe a dónde va. Se pierde. No puede orientarse. Algo funciona mal en su cabeza. Y los pasos nos llevan de un lugar a otro, de unos escenarios a otros. Los pasos que se alejan, se acercan, se mantienen en primer plano, se desvanecen o quedan ocultos por otros efectos sonoros nos aproximan al final. Comprendemos que trata de cruzar una calle y no lo logra. Traspiés. Es atropellado por un automóvil y muere.*

> *Mis días de radio (Temas de Hoy, 2004)*
> Juana Ginzo y Luis Rodríguez Olivares

Eso fue todo. Nada menos. Una brevísima historia —duraba unos pocos minutos— protagonizada por una serie de efectos sonoros cuya constante son los pasos de un hombre. No hay palabras, no hay actores y actrices que las pronuncien, no hay narrador, solo acción. Solo acción reflejada en un guion que venía a demostrar que el lenguaje radiofónico tiene características propias exclusivas como medio de expresión. Esta primera versión de *Pasos* es la más querida por Calderón, la que más apreciaba. Le atribuía un gran valor porque sabía que su idea anunciaba algo nuevo.

No hay constancia del día y la hora de emisión, y mucho menos del año de creación, aunque el límite está en 1946. Lo que es fácilmente comprensible es que los técnicos de sonido y los ruideros fueron los grandes hacedores del evento bajo la batuta del director. Y es imposible imaginar las dificultades que ofrecía la empresa: se emitió en directo porque no existía la posibilidad de grabación y, dadas las condiciones técnicas de la época, resulta poco menos que asombrosa la aventura. Los pasos protagonistas fueron encomendados a Remedios de la Peña, reconocida montadora musical, otro personaje histórico, pero que, como casi todos en aquel grupo de profesionales, era capaz de realizar otras funciones muy diversas. Se calzó para la ocasión unos zapatos auténticos de Calderón, que al caminar emitían un ruido, un crujido característico de zapatos casi nuevos. Es más, le incomodó que Manuel Rodríguez Cano, jefe de Emisiones, le comentara con sorna que sabían que llegaba por el pasillo porque el dichoso ruidito anunciaba su presencia. Por eso dejó de usarlos. Y se acordó de ellos para la emisión de *Pasos*. Remedios de la Peña anduvo con ellos por el estudio obedeciendo las indicaciones del director, rodeada de una caterva de ruideros que recreaban —en directo, repito— todos los sonidos marcados en el guion. Aquello tuvo que ser un prodigio inimaginable desde la radio digital de hoy.

¿Y qué ocurrió? Nada. No ocurrió nada. No hubo reacción. Como si no hubiera pasado. Un fracaso. Una frustración. Kieve, desde luego, no hizo comentario alguno que se sepa, como si aquello no hubiera existido. Lo más probable es que ni siquiera se enteró porque estaba en otra guerra, nunca mejor dicho.

Pasos II

Pasó algún tiempo y Bartolomé Moreno, jefe de la sección de Tráfico, encargada de las relaciones con las emisoras de la cadena y donde se centralizaba el envío de material, se puso en contacto con Antonio Calderón para pedirle dos guiones reclamados, al parecer, desde alguna de esas emisoras. Uno era *El río, la calavera y el barco*, una producción muy querida por su autor, y el otro, para su sorpresa, *Pasos*.

La sección de Tráfico era una dependencia capital para el funcionamiento de la SER. No solo se ocupaba de enviar material de todo tipo a las emisoras «propias y asociadas», como decía la publicidad y el encabezamiento de los programas, sino que fue fundamental cuando aparecieron las cintas magnetofónicas para el establecimiento de una falsa cadena, porque los defectuosos circuitos telefónicos no permitían la emisión en directo con un sonido de calidad. Así, por ejemplo, el capítulo del serial de turno era reproducido en numerosas grabaciones, tantas como el número de emisoras a las que era destinado, y enviado para ser emitido el mismo día a la misma hora en cada una de ellas. Una falsa cadena.

El jefe del departamento tenía que ser, por tanto, una persona responsable y minuciosa, y, sin duda, Bartolomé Moreno lo era. Antes de la sublevación militar de 1936 contra el gobierno de la República, había trabajado, según diversos testimonios, en la secretaría de dirección. Tras la Guerra Civil, y constituida la comisión a que obligaban las leyes franquistas para la depuración de funcionarios y empleados de empresas concesionarias de servicios públicos —las emisoras de radio lo eran—, fue nombrado instructor, es decir, era el que tomaba declaración, uno a uno, a todos los trabajadores. El expediente elaborado pasaba a la Comisión, dependiente de Gobernación, y emitía un dictamen.

> *… a unos nos decía que éramos buenos, los depurados, y a otros los ponía directamente en la calle, si tenían suerte, pues otros, como Luis Medina, que fue condenado a muerte y luego conmutada la pena por treinta años de prisión, fueron llevados ante los Tribunales Militares. Luis Medina fue puesto en libertad cuando se fueron aplicando medidas de excarcelación a los condenados y, aunque no volvió a ponerse delante de un micrófono, la radio le acogió y sin oficio definido volvió a estar entre nosotros hasta que dejó definitivamente este mundo.*
>
> *Recuerdos para un apunte de la historia de la SER*
> Manuel Sopeña

La resolución final la firmaba, como estipulaba la ley de depuración de febrero de 1939, Virgilio Oñate, consejero-secretario del Consejo de Administración, y la conformidad final estaba a cargo del delegado del Gobierno para la depuración del personal de Unión Radio Madrid, Antonio Bouthelier, quien la remitía al Ministerio de la Gobernación. Bouthelier fue uno de los fundadores de Falange, el partido fascista de José Antonio Primo de Rivera, y quintacolumnista célebre por patrocinar una de las muchas emisoras clandestinas que funcionaron en Madrid durante la guerra a favor de los golpistas. En Radio Madrid realizó una revista de cine para la que contó con el asesoramiento de Antonio Calderón.

Es muy probable que en 1946 Luis Medina, que, junto a Carlos del Pozo, fue locutor estrella de Unión Radio y reconocida voz radiofónica republicana, condenado y encarcelado, estuviera ya en los pasillos de la emisora sin «oficio definido», sin participar en la oleada creativa sin precedentes que estaba en marcha y de la que *Pasos* fue uno de los embates que abrieron brecha en el ramplón orden radiofónico. Y es que el régimen franquista, alrededor de ese año y antes, había abierto las puertas de las repletas prisiones a numerosos cautivos, incapaz de albergar tan extensa población reclusa. La radio silenciada no ofrecía datos de esa otra realidad carente de brillo y escondida a propósito bajo un manto de oropel, pero en sus dependencias sí se vivían sus consecuencias, aunque aquel era un ambiente tolerante en líneas generales que asumía y dulcificaba dramas extraordinarios.

Y, en esas, surgió la sorpresa. Alguien pidió al señor Moreno que le remitiera el guion de *Pasos*, interesado en reproducir y emitir —recordemos, en directo, no había posibilidad de grabación— aquella compleja construcción fabricada exclusivamente con ruidos que envolvían los pasos protagonistas de una persona que va y viene por diversos ambientes y que dejan de oírse tras el chirrido, frenazo e impacto de un automóvil contra el cuerpo de un hombre. Sonidos creados en directo —es preciso repetirlo otra vez— en el estudio, al mismo tiempo que salían a antena. Nuestro hombre se dijo, con razón, que estaba muy bien el reconocimiento que eso suponía, pero desconfiaba de su realización. Le dio vueltas al asunto y al problema que se planteaba, y encontró la solución.

Escribiría un argumento, desarrollaría una historia que hiciera comprensible la peripecia de un hombre mudo al que seguimos por el sonido de sus pasos. Un dramático que conservara la idea originaria, el efecto sonoro de los pasos de un hombre convertido en motor y protagonista de la acción, aunque ahora rodeado de personajes que necesitarían la voz de actores y actrices del mítico Cuadro de Actores que él mismo había creado y con los que trabajaba habitualmente en sus producciones.

Esa resultó ser la segunda versión de *Pasos*, a pesar de que siempre ha sido considerada, por desconocimiento de la existencia de la primera, como la única, la que adquirió carácter de leyenda que el paso del tiempo agrandó más y más mientras que, por el contrario, se desdibujaban sus contornos porque el significado de ruptura que se le atribuía se iba quedando sin apoyos, sin la presencia de testigos, de intérpretes, de técnicos y sin el texto que certificaba el acontecimiento. El guion desapareció. Un hecho incomprensible. Hasta hoy. Uno de aquellos ruideros lo guardó junto a otros y ha surgido ahora, más de setenta años después.

Son quince páginas numeradas más una portada sin numerar, seguramente añadida con posterioridad, con detalles no conocidos u olvidados. Olvidados incluso por el autor. La portada nos dice que este *Pasos* es un capítulo de la prestigiosa serie *Historias de medianoche*, que se emitía los sábados, y su emisión está prevista para el día 12 de octubre a las 23:30 horas. Y, aquí, un dato sorprendente: habrá un ensayo el mismo día a las 20:00 horas.

¿Era posible un ensayo satisfactorio tan cercano a la hora en que iba a ser radiada en directo una obra de tanta complejidad? El caso es que lo fue y técnicos que conocieron por referencias o personalmente cómo era el oficio en los años cuarenta creen que aquella antigua Radio Madrid contaba con equipos de profesionales cuya capacidad suplía las carencias técnicas del momento. Además, hemos de recordar las palabras del propio Calderón, exigente consigo mismo y con los demás, que, mirando seguramente de reojo a Kieve, afirmaba que él no dirigía una escuela, sino un equipo de estupendos actores y actrices, guionistas y técnicos que entendían a la perfección sus ideas y las ponían en práctica con enorme solvencia. Eso es lo que le dijo a una joven Juana Ginzo, recién llegada a través del concurso puesto en marcha por el americano, *Tu carrera es la radio*, cuando a instancias de Carmita Arenas, su actriz habitual por entonces, accedió a entrevistarse con ella.

«Juanita, Calderón quiere hablar contigo», me dijo Carmita. Me quedé perpleja. Me estaba diciendo que aquel señor, no muy alto, de fino bigote y gafas, al que yo solo veía por el pasillo y al que espiaba cuando dirigía, el autor de Historias de medianoche, *nada menos que Antonio Calderón, quería hablar conmigo […] los saludos fueron telegráficos […] y fue de una sinceridad brutal: «Carmita cree que eres buena e insiste en que te oiga. Pero yo no tengo interés porque*

*conmigo trabajan actrices muy buenas y, además, no tengo tiempo
para formar a nadie, ni quiero hacerlo. Yo no dirijo una escuela». Me
irritó bastante, pero no dije nada porque me estaba jugando trabajar
en su equipo […] se me antojaba imposible, una meta lejana trabajar
junto a ellos…*

Juana Ginzo se convirtió en un componente del «equipo» y, además, propagandista de los métodos calderonianos que eran muy diferentes a los de los demás.

Más datos extraídos del guion. El autor es Percy Brown y como directores aparecen Velasco y Calderón. ¿Dos directores en una producción de Calderón? Así fue porque, como había hecho en otras ocasiones, mientras Eduardo Ruiz de Velasco atendía el desarrollo de la emisión desde la pecera —como se llama en argot a la sala de control—, movió el micrófono, lo manejó dentro del estudio siguiendo los pasos del personaje que había creado sin voz al que, sin embargo, le puso nombre, Graig, lo cual tiene su importancia.

El autor es Percy Brown y el tal Brown es un seudónimo de Calderón, que, por otra parte, contaba con una extraordinaria formación musical. Estaba escribiendo y realizando una serie que fue muy popular, todo lo popular que era posible en una radio de corto alcance, *El género chico y su tiempo*, pero no pensemos que se trataba de una sucesión de números zarzueleros, que eso no estaría a la altura de su ingenio ni del concepto que tenía sobre lo que debía ser un programa musical. A través del género chico se propuso contar cien años de la historia de España, el siglo XIX, del que tenía un gran conocimiento y mucha documentación.

La noche de los sábados había quedado libre por la ausencia del locutor chileno Bobby Deglané, que hasta entonces triunfaba con su revista *Fin de semana,* años antes de su más famosa aportación a la radio comercial, *Cabalgata Fin de Semana.* Para cubrir el hueco, surgieron aquellas historias de medianoche que Calderón imaginó como un juego de ficción pura desarrollado en escenarios y paisajes irreconocibles, irreales a veces, fantásticos, lejanos como los personajes que los habitaban, de nombres inventados. Creyó que el Antonio Calderón de *El género chico y su tiempo* no debía firmar la nueva serie de características tan contrapuestas: históricas y musicales unas, reales por tanto; imaginativas y libérrimas otras. Decidió adoptar un seudónimo. Y fue Julita Calleja, la locutora estrella del momento, la presentadora de programas «femeninos», la que le sugirió el nombre. Lo explicó con su conocido sentido del humor.

> *… y me puse Percy Brown y con ese nombre tenía la libertad de situar la acción donde me daba la gana, me daba una gran libertad. Lo registré en la Sociedad de Autores, donde luego hubo reticencias para abonarme los derechos de autor porque pensaban que pertenecían a un señor que se llamaba Percy y no Antonio.*

En el guion, escrito a la manera clásica de la literatura radiofónica (la palabra en el lado derecho del folio y el izquierdo ocupado por las indicaciones técnicas y de sonido), se dice que el locutor de servicio, tras el indicativo de la emisora, anuncia el nombre del programa que los oyentes van a oír. Y aparece un dato poco o nada conocido.

LOCUTOR DE SERVICIO: Van ustedes a escuchar Historias de medianoche. Pasos, *versión radiofónica de la narración
de Percy Brown titulada* El mudo.

Antes de la pieza radiofónica hubo un relato. Un relato
también perdido u olvidado titulado *El mudo*. Antes de *Pasos,* el
personaje silencioso ya estaba en la mente de Calderón y lo había
puesto sobre el papel.

Y, por fin, el reparto. De los diez personajes con palabra, seis
aparecen junto al nombre de los actores y actrices que lo iban a
interpretar. Por supuesto, Carmita Arenas, como Ethel, la mujer
desleal del mudo Graig; Víctor Seijo, como el Director de una
institución sanitaria; Joaquina Carreras, la Portera de la casa de
Graig; Joaquín Portillo, Tip, es un Prestamista; Gamarra —así,
solo el apellido— es un Empleado, y una Mujer corre a cargo
de Lolita del Pino.

Carmen Arenas era en ese momento una actriz habitual
en los espacios de Calderón, una voz destacada de su equipo.
Provenía de los concursos de Bobby Deglané que, con el título
de *Teatro Infantil Maravillas,* se programaban en los teatros Bilbao y Monumental de Madrid. Un avance de esos espectáculos
dedicados a descubrir a supuestos niños prodigio se emitía por
Radio Nacional, donde Carmen llegó a interpretar un personaje
fijo de relieve, pues se llamaba, precisamente, *Hada Maravillas*. El
nombre del concurso y del programa de radio remiten a la revista
Maravillas, versión femenina de la revista de chicos *Flechas y Pelayos,* ambas instrumentos de propaganda del régimen dirigidas a
los jóvenes. Deglané recaló en Radio Madrid y Carmen Arenas,
una vez finalizada la emisión del concurso en Radio Nacional,

fue reclamada por el locutor para trabajar en sus programas. Esto sucedió aun antes de la puesta en antena de *Fin de Semana*, antecedente del histórico *Cabalgata fin de semana*.

Era una actriz de amplio registro y Calderón la reclutó para su grupo. Al final de la década de los cuarenta, cuando los seriales de Sautier comenzaron a inundar sin remedio la programación, abandonó la radio para dedicarse al doblaje, una profesión en alza dominada por los profesionales que procedían de la radio. Pero su trabajo traspasó fronteras y fue contratada por una emisora de La Habana (Cuba), donde formó pareja con el actor catalán Ricardo Palmerola, muy famoso por sus interpretaciones en Radio Barcelona. En La Habana fue una gran diva y allí permaneció hasta después del triunfo de la revolución castrista. Siguió siendo una intérprete ilustre de la radio y la televisión en Miami, a donde emigró después. Ya mayor, volvió a España para jubilarse como locutora en la emisora donde comenzó, en Radio 3 de Radio Nacional.

Lola o Lolita del Pino fue una actriz que, al margen de la radio, tuvo una larga carrera en el cine (*Atraco a las tres, Tres de la Cruz Roja, 800 balas*) y la televisión (*Estudio 1, El comisario*). Joaquina Carreras es un nombre imprescindible en los dramáticos de entonces. Sus antecedentes también eran musicales. Hija de la tiple Felisa Torres y del actor Emilio Carreras, figura del Teatro Apolo; ella misma había actuado y cantado en el teatro antes de llegar a Radio Madrid. Víctor Seijo, que según Calderón tenía voz apropiada para personajes antipáticos, fue un actor indispensable para completar cualquier reparto. Todas las referencias nos remiten a su interpretación del personaje llamado Señor Durán de la radionovela por entregas *Nueve millones,* ideada por Francisco Garzón y cuyos capítulos se encargaban a distintos escritores: Astrana Marín, Fernández Flores, Cela.

Nada sabemos de aquellos que prestaron su voz al resto de los personajes: Portero, Chofer, Telefonista y Bood. Como Calderón tenía el recuerdo cierto de Juana Ginzo, fue esta actriz la que tuvo que hacerse cargo de la Telefonista. Son diez personajes con palabra y uno, el principal, sin ella. Aunque en la página once se dice que Graig emite unos gemidos que pudo hacer cualquiera. Además, se contaría con actores y actrices para reproducir los distintos ambientes que aparecen señalados en el guion.

Y, naturalmente, los pasos de Graig a cargo de un ruidero. Según Calderón, bien pudo ser Antonio Melero quien, esta vez, se calzó los zapatos para dar vida al verdadero protagonista, que era nada menos que un sonido, un ruido. Melero, como tantos, llegó por entonces a la radio, un medio que despegaba y se hacía grande y que estaba necesitado de gentes que procedían de distintos ámbitos. Melero, marido entonces de Juana Ginzo, era tornero y fabricó alguno de los artefactos que se utilizaban para crear efectos especiales, como un mueble con varias caras y en cada una de ellas colocó cerraduras, tiradores de puertas y cerrojos que servirían para reproducir todo ese tipo de ruidos.

En esta segunda ocasión, todo fue mucho más elaborado con artilugios nuevos y habilitando una tarima a la que se adosaron unos peldaños para simular subidas o bajadas por escaleras, y se dispusieron diversas superficies, puesto que Graig iba a caminar por lugares muy dispares.

Se hizo más de laboratorio. Se utilizó una tarima para subir y bajar escaleras. La tarima era el podio desde donde se dirigía la orquesta de Radio Madrid. La utilicé mucho y también el piano.

También el piano. En busca de resonancias y ecos que no se podían obtener con los limitados aparatos técnicos de los que se disponía, tan lejos de la radio digital de hoy, se ensayaban en lugares insólitos. Por ejemplo, bajo la tapa del piano la voz humana proyectada hacia las cuerdas del instrumento encontraba brillos musicales estupendos al rozarlas el aliento. Por ejemplo, el hueco del ascensor las hacía retumbar como si salieran de un pozo o las palabras fueran pronunciadas en salones amplísimos.

Así eran las cosas y así estaban cuando se inició el ensayo marcado a las 20:00 horas. El encargado del reparto ha distribuido los guiones, los actores seguramente han subrayado sus parlamentos sobre el papel, el director corrige y hace indicaciones, los técnicos toman buena nota mientras preparan el material, los ruideros prueban una y otra vez los efectos y marcan la parte que le corresponde a cada uno, el de los pasos se ha calzado los zapatos y camina con ellos. Apariencia de caos, pero se impone un orden interno que va encajando todas las piezas del mecanismo radiofónico. Tras el ensayo hay tiempo para salir al pasillo a fumar —es un país de fumadores— y para que los actores repasen de forma individual sus frases.

Van a sonar las 23:30 horas del 12 de octubre de 1946. El director hace que desde control suene la chicharra que reclama atención. En el estudio se enciende un piloto de luz verde. A la hora en punto y a una indicación suya, el técnico de control abre micrófono al tiempo que la luz verde se torna roja. Están en el aire. Suena la sintonía del programa. En una vaguada de la música, el director señala con el dedo índice al locutor de servicio, que lee el indicativo de la emisora.

*Transmite Radio Madrid, emisora central de la Sociedad Espa-
ñola de Radiodifusión.*

Sigue la sintonía hasta un nuevo descenso de su intensidad.
El locutor anuncia el programa.

Van ustedes a escuchar Historias de medianoche. Pasos, *versión radiofónica de la narración de Percy Brown titulada* El mudo.

Resuelve la sintonía. Pausa. Ambiente de conversación en
un tercer plano. Surgen los primeros pasos lejanos hasta quedar
en primer plano. Se detienen y se produce una llamada con los
nudillos en una puerta.

A partir de ese momento y durante media hora, se desarrolla
la obra con una exactitud implacable, con una armonía de gran
pieza musical, pues esa es la impresión que, casi sin excepción,
han obtenido de Calderón aquellos que han trabajado con él. Un
director de orquesta, dicen a través del tiempo. No solo por saber
armonizar todos los elementos del guion, sino por su actitud de
director, marcando una pausa, una entrada musical, un efecto. Y
todos pendientes de su mirada y de sus manos. Aquello sonaba
como una orquesta, como una gran orquesta, repiten.

Suenan los primeros pasos y Antonio Calderón los va siguiendo micrófono en mano. «Hay que mover el micrófono», dijo más
de una vez. Pasamos las hojas del guion. No hay montaje musical.
No hay narrador. Palabra y ruidos. Una sinfonía bien empastada
compuesta de voces de todos los colores y de ruidos en todos los
planos posibles, de pasos sobre suelo de madera, de mármol, de
pavimento, subiendo y bajando escaleras, puertas que se abren y

cierran, sillas que alguien mueve, ambientes de calle y de interior, conversaciones lejanas, motores de automóviles, claxon, frenos, portezuela, timbre de teléfono, tictac de reloj. También silencios, de cinco segundos, de quince.

Y dominando la acción, los pasos de Graig, el mudo, del que solo oímos su voz en un gemido. Seguimos pasando las hojas de guion. La historia que cuenta es una de tantas.

Los pasos de Graig

Han sonado los nudillos sobre la puerta y el Director del sanatorio invita a pasar a Graig. Le ofrece asiento y le pone al corriente de su situación. Está curado de su dolencia mental. En cuanto a la pérdida del habla, quién sabe, un choque emocional, una sensación inesperada puede hacer que vuelva al uso de la palabra. La mente humana es un misterio.

Graig sale, sus pasos nos encaminan hacia la salida. El Portero, muy desagradable, le da consejos sobre su vida futura junto a su mujer y sus hijos. Encienden un pitillo. Ha tenido suerte, otros terminan con una camisa de fuerza o en el cementerio. Se acerca un automóvil. El Chofer va a recoger a algún enfermo en algún lugar. Se ofrece a llevar a Graig. «¡Que no vuelvas por aquí!», le despide el Portero. El automóvil se aleja. Silencio.

Ambiente de ciudad. El automóvil se detiene, Graig baja y el Chofer le desea suerte. Sus pasos se mezclan con el bullicio de la ciudad que desaparece cuando llega al interior de un edificio. Comienza a subir las escaleras, veinte peldaños, al tiempo que la Portera se sorprende al verle e insinúa sorpresas respecto a su mujer. Termina de subir las escaleras, llama a una puerta que, finalmente, se abre.

Su mujer, Ethel, se asombra al verle. Le llama por su nombre, Arturo. No sabe cuándo ha salido del hospital, un dato esclarecedor. Un largo monólogo nos pone al corriente. Hace tiempo que no lo ve porque trabaja mucho y tampoco se ha podido ocupar de los niños, que ha enviado a otra ciudad con un familiar. El monólogo se convierte en una queja de lo mal que lo ha pasado. Pero gracias a su nuevo jefe, el señor Moldder, que es buenísimo y del que es secretaria, podrán salir adelante. Esta noche, precisamente, tiene que ir a su casa. Por trabajo. Lo mejor es que se quede descansando hasta que ella vuelva. Un claxon en la calle la reclama. Debe irse.

Naturalmente, la puerta del piso se abre y se cierra. Hay un silencio y vuelven los pasos de Graig, que camina hacia la puerta, la abre y la cierra, baja los veinte peldaños, con un descansillo de tres pasos y cinco sobre el suelo del portal. La Portera, indiscreta, se ofrece a prepararle algo de comida, porque ya sabe que la señora Graig tiene tanto trabajo…

De nuevo en la calle, pasos sobre pavimento duro. Ambiente de calle que se va desvaneciendo. Siguen los pasos hasta un ambiente de oficina. La Telefonista intenta detenerle al tiempo que avisa al jefe, señor Bood, quien finalmente le recibe. Lee el certificado médico que indica que está completamente curado, pero no hay trabajo para él. Es mudo, sigue enfermo. Debe descansar, no trabajar, etcétera.

Vuelve a salir, atraviesa otros espacios, otros suelos. Puerta de cristal que al abrirse hace sonar una campanilla. Se oye la voz del Prestamista, que le pregunta qué desea, sopesa un reloj, pregunta si es de oro y le ofrece una cantidad de dólares. Suenan las monedas en el mostrador y la puerta de la calle con campanilla.

Los pasos vuelven a la calle, que funde con sonidos de bar. Risas en tercer plano. Una Mujer, borracha, le pide que la invite. Quiere bailar con él, le pregunta el nombre. ¿Por qué está tan callado? Parece mudo.

Sale a la calle. Pasos dubitativos de borracho. Ambiente que se mantiene y se desvanece. Tras un silencio, llamada de nudillos en una puerta que se abre. El Empleado le anuncia al Director que Graig ha vuelto y que llega muy excitado. Vaso de agua con una medicina que remueve una cucharilla. Se figura lo que ha pasado. Debe volver a su casa con su mujer. Allí no hay lugar para él, es un sitio para enfermos, para locos, y él no lo está.

Regresa a su casa. Puertas y escalera de nuevo. Ethel ya ha regresado. Su jefe se ocupará, le enviará a una residencia en otra ciudad; es muy bueno y se porta muy bien con ella. Ella se tiene que quedar por el trabajo con el señor Moldder. Ya le ha sacado el billete para el viaje, descansará, estará bien atendido. Ethel se retira, su voz asustada se va alejando del micro y con ella los pasos de Graig. Gritos de terror.

El tictac del reloj anuncia el paso del tiempo. El Fiscal acusa a Graig de estrangular a su esposa. Murmullos. El Fiscal se plantea si están ante un ataque de locura, teoría que avalan los informes médicos. Graig es un enfermo mental peligroso que debe ser recluido de nuevo.

De nuevo el centro médico. De nuevo los nudillos sobre la puerta que se abre y se cierra. Pasos de Graig y sus acompañantes. El Director comprende, se ha salido con la suya, ha regresado. Le conmina a que no llore. Pide a los loqueros que le quiten la camisa de fuerza y le lleven a su habitación, porque Graig no es un loco peligroso.

Los pasos de Graig, lentos, se van alejando hasta dejar de oírse. Silencio.

La emisión ha terminado. Los técnicos de control han apagado micros y los ruideros ordenan los aparatos usados. Todos van saliendo conversando entre ellos. El estudio ha quedado vacío, en desorden. Las hojas de los guiones están por el suelo porque muchos actores, para evitar el ruido de pasar las páginas ante el micrófono, han quitado la grapa que las cose y las han dejado caer. Un conserje va recogiendo los papeles y apaga las luces.

Aquel 12 de octubre

Robert Steiner Kieve no se enteró en aquel momento y, cuando casi sesenta años después fue interrogado por la cuestión, dijo desconocer lo que Antonio Calderón afirmó con rotunda y apasionada firmeza: *Pasos* fue una reacción a la opinión contraria a la utilización de ruidos de pasos y de puertas que se abren y se cierran, considerados efectos especiales que provocan confusión. Una opinión expresada sin malicia, seguramente con afán docente, y sin calcular las consecuencias, sin prever la respuesta que obtuvo con una intención de evidente rechazo. Una carga de profundidad contra una manifestación neutra y pacífica que supuso un estallido de creatividad.

Calderón sitúa el origen del proceso en un cotilleo perverso. Alguien le comentó que en aquel libro de hojas en blanco, depositado sobre una mesa del departamento de Emisiones, a disposición de todo el que quisiera escribir en él, y al que nunca quiso acercarse por temor a desatar batallas personales, había referencias a su trabajo y a sus ideas sobre la radio. Y además otro escribió aquello de los dichosos ruidos de pasos y de puertas, según enseñaba Kieve que citaba a su vez al gran Norman Corwin.

Primero fue un ensayo que pasó casi inadvertido, sonidos y ambientes que se suceden durante unos pocos minutos acompañando a los pasos de un hombre. Solo acción. Un experimento muy apreciado por su autor. A pesar de que algunos le dijeron que no lo iba a entender nadie.

Mucha gente me dijo que no me iban a entender y yo dije: «Pues si no me van a entender, peor para ellos». Esto es un exceso de vanidad, sí, pero no de vanidad personal, quiero decir que si no entendían aquello no entenderían nunca la radio.

Y después desarrolló el ensayo construyendo un relato en torno a la idea primera. Y no le gustó.

No le gustó.

Sorprende la opinión del autor sobre su obra, la que es considerada erróneamente como la original, la única, cuyo guion ha sido buscado a través del tiempo y que, en muchos casos, solo se conoce por referencias.

Hice una tontería… Hice una segunda versión de Pasos *que es horrenda porque le puse un argumento…*

Aquella «tontería», aquella «cosa horrenda» fue emitida la noche del 12 de octubre de 1946 y abrió un capítulo nuevo en la historia de la radio. Ese día también se puso en antena una producción de Kieve con el sello de la Casa Americana. Era sábado y la hoja de programación, el índice de programas, nos da una idea de cómo era la radio entonces.

Un primer bloque de la mañana, enteramente musical, se tituló *Hora Sinfónica*. Se indicaba el contenido con todo detalle. Se radió en primer lugar la *Sinfonía en mi bemol del Nuevo Mundo*, de Anton Dvorak a cargo de la Orquesta Sinfónica de Filadelfia, dirigida por Leopoldo Stokowsky. Comenzaba así la jornada con una concesión a la conmemoración del «descubrimiento» de América, una fecha subrayada por el tema americano que el músico checo había compuesto durante una estancia en Estados Unidos e inspirado en su encuentro con el Nuevo Mundo en 1893. Después le tocó el turno a *Noche en los jardines de España*, de Falla, por la Orquesta Sinfónica Nacional de Londres bajo la batuta de Clifford Cuzon. Música culta muy reconocible para comenzar el día, el fin de semana. Y aquí se interrumpía la emisión hasta el siguiente tramo.

Y es que la programación no solo no era de veinticuatro horas continuas, sino que tan solo se extendía desde las ocho de la mañana hasta poco después de la medianoche y se distribuía en varios bloques, mañana, sobremesa, tarde y noche, con pausas entre ellos durante las cuales la radio quedaba en silencio.

El siguiente comenzaba con lo que se especifica como *Hora del oyente*, que, como su nombre indica, es un espacio musical según las peticiones de los oyentes. Tiene una larga duración y es interrumpida por una *Guía comercial,* un título con contenido publicitario que se repite estratégicamente colocado a lo largo de la programación del día. Por supuesto, Radio Madrid, emisora central de la Sociedad Española de Radiodifusión, era y es una emisora comercial y los ingresos por publicidad son el motor de su funcionamiento.

Avanzada la jornada, se anota una *Retransmisión religiosa desde el Santuario de Nuestra Señora del Perpetuo Socorro*. La religión estaba obligatoriamente presente en la vida de los españoles y, por tanto, también en la radio. La Iglesia católica era un soporte del régimen franquista, una mezcla de dictadura y religión. Muy pronto los sacerdotes católicos formaron parte del personal de las emisoras; no hubo una sin su cura correspondiente, incluso de manera oficial por los acuerdos del Estado con la Iglesia, que exigía estar presente en los medios para «la defensa de la verdad religiosa». El cura más famoso fue sin duda Venancio Marcos, más conocido como el padre Venancio Marcos, autor en Radio Madrid de unas *Charlas de orientación religiosa* francamente reaccionarias. Marcos dijo de sí mismo: «Soy de la extrema derecha, absoluta y totalmente de la extrema derecha». Lo fue toda su vida, incluso después de la muerte de Franco, cuando sus partidarios recalcitrantes quedaron reducidos a grupúsculos, pequeños pero violentos, o integrados en partidos de derechas. Se podían ver y oír las soflamas de Venancio Marcos en actos organizados por el partido ultra Fuerza Nueva, dirigido por el notario ultramontano Blas Piñar. Junto a las sotanas más retrógradas del país, encabezó la muy conservadora asociación Hermandad Sacerdotal.

La tarde del sábado estuvo dedicada a *Música de baile*. Y avanzando en el horario nos encontramos con la segunda alusión al día del que nos ocupamos, que siempre fue fiesta nacional. El espacio titulado *Así nació América* es una reconstrucción del encuentro del viejo con el nuevo continente, fecha señalada en las celebraciones oficiales, entonces rodeada de anacrónicos restos de anhelos imperiales. Se llamó durante mucho tiempo la Fiesta de la Raza, nada menos. Figura como autor José López de Letona, un apellido vistoso dentro del panorama político, económico y diplomático de entonces y de años posteriores.

Ya hemos entrado en la noche y destaca un nuevo programa musical, *Popurrí de valses*, interpretados por la Orquesta de Marek Weber, un músico alemán que dirigía su propio grupo conocido sobre todo por el repertorio de valses en el que se había especializado.

Y después conexión con Radio Nacional de España. Por una orden de 6 de octubre de 1939, Franco estableció la conexión obligatoria de todas las emisoras con Radio Nacional de España para la transmisión de los diarios hablados, aquellos espacios de noticias que comenzaban con un toque de trompeta militar y que fueron conocidos popularmente como «el parte», reminiscencia de los partes radiados durante la guerra. A la radio se le prohibía informar. En palabras de Calderón, «la radio no podía transmitir la realidad viva, lo que estaba pasando, y tuvo que crear otra, transmitir una realidad inventada». Eso, por otra parte, fue un acicate para el nacimiento de una época creativa sin precedentes, una explosión de inventiva e innovación pocas veces superada después.

De momento, era un medio de comunicación amordazado, censurado, donde la música de todo tipo era un ingrediente con el que se componían las programaciones. Un elemento neutral, no comprometido y menos arriesgado si tenía características populares propias de la copla y el flamenco de gran aceptación. Y esa era la naturaleza del siguiente espacio, *Mosaico andaluz con*

Carmen Chacón y Ortega, con el que entramos en lo que podríamos llamar *prime time* del sábado.

Nos encontramos en primer lugar con un capítulo de la serie *Lo que el futuro promete*. Se trata de una producción de Robert S. Kieve sobre inventos e inventores norteamericanos en la que su autor se asignó el papel del personaje llamado Pablo, que dialogaba con otro llamado Pedro. El objetivo: difundir la idea de que Estados Unidos era un país moderno y adelantado en las artes y las ciencias. Los capítulos siempre acababan con una pregunta de Pedro, a la que Pablo contestaba: «No estoy tan seguro de eso, Pedro». Kieve afirmó que ese final se hizo muy popular, hasta el punto que un día, en un cine, según le contaron, un actor de la película que se proyectaba pronunció la famosa frase: «No estoy tan seguro de eso…». Y el público, o por lo menos parte de él, completó el parlamento entre risas y al unísono, como correspondía y habían oído en la radio: «¡… Pedro!».

Tras este espacio dramatizado con el sello Kieve y hasta las once y media de la noche, encontramos *Casino Fin de Semana*, un magazín dirigido por Eduardo Ruiz de Velasco con un contenido musical y de entretenimiento. Las referencias encontradas apuntan a que el actor y locutor llamado Ferman fue un colaborador habitual. En realidad se llamaba José Fernández Manzano y construyó su nombre artístico con las primeras sílabas de sus apellidos. Se convirtió en el locutor comercial por excelencia, en el conductor de los innumerables concursos que Radio Madrid ponía en antena constantemente.

Después de *Casino Fin de Semana*, a las once y media de la noche, la Sociedad Española de Radiodifusión presentaba *Historias de medianoche*, de Percy Brown, seudónimo adoptado por Antonio Calderón. Este 12 de octubre la historia contaba las peripecias de un hombre mudo al que seguimos por el sonido de sus pasos. Nuestro *Pasos*. Se emitió en cadena, o por lo menos a través de las principales emisoras de la SER, y así figura en el detalle de los programas, por ejemplo, de Radio Barcelona.

Finalizaba la noche con *Música de baile*, de doce a doce y media, cuando se hacía la habitual *Lectura de programas y cierre de la emisora*, que se remataba con una despedida impuesta a cargo del locutor de servicio.

LOCUTOR: Damos por terminada nuestra emisión y nos despedimos de ustedes hasta las ocho, si Dios quiere. Señores radio-yentes, muy buenas noches.

El locutor daba el indicativo de la estación, en este caso Radio Madrid, emisora central de la Sociedad Española de Radiodifu-sión, y terminaba con los gritos de rigor no menos obligatorios:

¡Viva Franco! ¡Arriba España!

No cabía duda sobre cuál era el país y, naturalmente, cuál era su naturaleza política.

Calderón y Bobby

La noche del sábado había quedado libre por la ausencia de Bobby Deglané y su programa *Fin de Semana*, y el vacío lo ocuparon otros como los citados *Casino Fin de Semana* e *Historias de medianoche* en Radio Madrid. En algunas emisoras se mantuvo el título *Fin de Semana*, que vino a ser contenedor de espacios de muy diversa naturaleza. Por ejemplo, Radio Barcelona emitió el 12 de octubre de 1946 la dramatización *Descubrimiento del Nuevo Mundo*, de la que fue autor Jaime Giró; otra pieza alusiva al día celebrado con el nombre de *El Pilar y la raza*; una retransmisión desde el teatro Poliorama de fragmentos de *Wu-Li-Chang*, un drama de amores imposibles en una China exótica; y, en fin, *Historias de medianoche*, de Percy Brown.

De Bobby se ha dicho todo y casi no es posible añadir datos nuevos a su conocida biografía. Se llamaba en realidad Roberto Deglané Rodríguez Portocarrero, nacido en la ciudad chilena de Iquique, y popularizó su nombre con el diminutivo norteamericano. En Estados Unidos, en Nueva York precisamente, asistió a la escuela de radio de Floyd Gibbons, un popular periodista que participó como tal en la I Guerra Mundial, en una de cuyas batallas perdió un ojo. Tenía un estilo brillante, verborreico y veloz. Bobby debió ser un alumno aventajado, puesto que en el examen final superó la prueba al permanecer seis horas y media (!) hablando de Pedro de Valdivia, el conquistador y gobernador de Chile (Miguel Ángel Nieto. *Bobby Deglané, arquitecto de la radio española*). Se especializó en periodismo deportivo. De vuelta a su país, emprendió aventuras editoriales no exitosas y trasladado a Argentina trabajó de locutor deportivo en Radio Rivadavia. Apareció en España, en Barcelona, en 1934 como locutor presentador de un espectáculo de lucha americana conocida como *catch-as-catch-can*. Recala luego en Madrid, donde la compañía inicia una gira de combates en el Circo Price.

Antonio Calderón y Deglané se conocieron en los cafés vecinos del Price, ubicado entonces en la Plaza del Rey, donde hoy se encuentra el Ministerio de Cultura. El testimonio de Calderón es nítido al respecto: «Bobby entró en relación con la radio a través del espectáculo de lucha que narraba y su promoción». Y cuando extendió sus actividades a otras áreas, mantuvieron una relación profesionalizada, puesto que Calderón, que trabajaba en el departamento de Publicidad de Unión Radio, tramitó e incluso redactó los anuncios que Deglané llevaba para ser radiados. Se complementaron al modo descarnado y sincero que contó el propio Calderón sobre aquellos inicios.

Tengo que decir la verdad, ¿por qué no?: Bobby tenía sobre mí mucha influencia. Yo me aproveché mucho de Bobby y él de mí.

Quiso decir que colaboró con Deglané en sus programas y en sus operaciones publicitarias con trabajos, unos alimenticios y otros que alcanzaron grandes cotas de calidad. Con firma y sin ella, se puede rastrear la aportación de Calderón en *Fin de Semana* y, posteriormente, en *Cabalgata Fin de Semana*, el definitivo programa que, ya en los años cincuenta, llevó al chileno a la cumbre de su consideración como personaje radiofónico. Y fue en ese contexto en el que Antonio Calderón escribió su primer guion dramático, es decir, con personajes que dialogaban entre sí, superando el mero texto de cuña comercial. Seguimos sus palabras:

Se trataba de un festival con el pretexto de comprar juguetes para niños, o quizás en beneficio de un hospital, no sé. Me pareció una cursilada, una vulgaridad, me parecía que era algo semejante a esas señoras ricas que dan mantas y ropa para los pobres. Eso lo he odiado toda mi vida. He odiado la radio caridad. La caridad me ha puesto enfermo, he creído en la justicia, no en la caridad. Y llegó Bobby y me dijo, así en imperativo: «Tienes que escribir algo para que la gente venga y dé sus donativos». Bobby era así… Pero era todo inventiva…

Era persuasivo, lleno de inventiva, un volcán de ideas y necesitaba personas que llevaran al papel sus inventos. Incluso le dijo lo que tenía que escribir. No le hizo mucho caso y escribió unas escenas que no duraban más de tres minutos, unos diálogos interpretados por la actriz Jacinta Alenza y por él mismo, que se llamaron *Retransmisión desde casa de los Rodríguez*. Y hubo que cambiar tal nombre antes de su emisión porque el jefe de programas se llamaba Rodríguez, Manuel Rodríguez Cano, y quizás pensó que le relacionarían con aquellas historias. Una tontería, pensó Calderón, pero cambió el apellido por el de Pérez. No tuvo noticias de que los Pérez protestaran.

Yo creo que ese fue el primer guion que escribí, el primer dramático, como decíamos entonces. Era una tontería. Ella me preguntaba: «¿Ha oído usted…?». Y yo le contestaba: «Pues sí, creo que es un festival que dan para no sé qué…». Una tontería. Era una cosa que duraba tres minutos.

Calderón captó las posibilidades de Deglané ante el micrófono, su estilo alejado de la solemnidad y engolamiento habituales en la época, y le animó a leer él mismo los textos publicitarios. Y, así, fue testigo de cómo el locutor fue depurando su particular personalidad radiofónica: sencillez en los mensajes, lenguaje directo, nada grandilocuente, capacidad para llegar a grandes audiencias. Al mismo tiempo que crecía su carácter de hombre de radio, extendía el ámbito de sus contactos sociales y políticos. Se acercó a Falange, el partido fascista fundado por José Antonio Primo de Rivera, y cuando estalló la Guerra Civil fue detenido a los pocos meses de iniciada la rebelión militar, aunque puesto en libertad pronto. Estableció contacto con Raimundo Fernández Cuesta, y con cartas de este destacado falangista preso en una cárcel madrileña, dirigidas a su familia, se pasó a la autollamada «zona nacional», es decir, la zona franquista, llevando con ellas instrucciones para que se iniciaran gestiones con el fin de ser canjeado por presos republicanos en poder de los sublevados. Fernández Cuesta fue canjeado finalmente por Justino de Azcárate, profesor y político, detenido por falangistas y encarcelado por los facciosos, hermano de Pablo de Azcárate, embajador de la República en París durante la guerra y tío de Manuel de Azcárate, dirigente del PCE durante muchos años.

Roberto Deglané eligió así su trayectoria política, que fue determinante en el desarrollo posterior de su profesión periodística y radiofónica. Como fotógrafo y reportero trabajó para la revista *Fotos*, fundada por Manuel Fernández Cuesta, hermano de Raimundo, y sus crónicas estaban impregnadas de unos modos propagandísticos y expresiones épicas y grandilocuentes propias de las intenciones del medio para el que trabajaba. Como corresponsal de la citada revista, se encontraba en el frente de la Ciudad Universitaria de Madrid cuando la capital fue rendida. Según contó por escrito y oralmente en numerosas ocasiones, fue el primero que entró en la ciudad, vestido con su uniforme de falangista —precisó alguna vez—. Dirigiéndose a la Gran Vía, entró en Unión Radio, emisora que tan bien conocía, y se dirigió a los madrileños anunciando la inminente entrada de las tropas franquistas. ¿*Tomó* Deglané Unión Radio Madrid? ¿Fue el primero que habló ante sus micrófonos? Otra polémica estéril.

Los estudios se habían trasladado a otra zona de la ciudad, la calle Martínez de la Rosa, conocida como calle de la Ese, para evitar el peligro de los bombardeos con que la Gran Vía era batida a diario, y en el histórico edificio de Madrid-París, sede de la estación, solo quedó el equipo emisor. El caso es que Unión Radio fue tomada militarmente y Deglané pertenecía, ciertamente, al grupo de periodistas que acompañaba a las tropas que entraron al fin en las calles madrileñas. Un respetado testigo del acontecimiento, el mismísimo Calderón, ante el relato de Bobby, dijo:

> *Qué tontería. Tomamos Radio Madrid y utilizamos sus micrófonos los que estábamos dentro.*

Es necesario indicar que, ante la confusión de aquellos momentos, cualquier versión del acontecimiento contiene datos que pueden ser considerados verdaderos y que son varios los nombres que se apuntan como protagonistas del suceso, según sean las fuentes consultadas.

Bobby Deglané trabajó en el diario deportivo *Marca,* fundado también por Fernández Cuesta y tras la guerra, por lo que a nuestra historia se refiere, lo encontramos presentando las funciones del *Teatro Infantil Maravillas,* y también su versión radiada, nombre que nos remite a las revistas *Flechas y Pelayos,* para chicos, y *Maravillas,* para chicas, de indudable aroma falangista. Eran instrumentos de propaganda dirigidos a los jóvenes y se ocupaba de ellas el benedictino fray Justo Pérez de Urbel, activo propagandista de la idea de la Cruzada con que la Iglesia católica adornó la sublevación, posteriormente nombrado abad del Valle de los Caídos, el gigantesco osario levantado a mayor gloria del dictador y construido con las manos y la sangre de los presos republicanos para aún mayor infamia.

Bobby siempre manejó con maestría y desparpajo aquellas funciones repletas de concursos y actuaciones de jóvenes que pretendían hacerse camino en un país empobrecido. De sus programas surgieron personajes que luego fueron famosos en el mundo de la canción, la interpretación y el periodismo. Y esa fue la vía que le llevó de vuelta a la radio. *Fin de Semana* fue el programa que, a partir de 1940 en la noche de los sábados, multiplicó la fama del locutor y significó un adelanto de lo que años después sería *Cabalgata Fin de Semana*, el rotundo y definitivo despegue del chileno como histórico personaje de la radio española.

Pero antes ocurrieron otros acontecimientos. En 1943, famoso y bien situado en el mundo de la radio y relacionado con elementos destacados del régimen, de manera sorprendente abandona España dejando atrás una estela de especulaciones sobre los motivos de su huida. Fue muchos años después cuando en escritos y entrevistas (José Mallorquí, *Revista Ondas*) reveló que había rechazado la oferta alemana de dirigir las emisiones en español de Radio Berlín. Intuía que el Eje iba a perder la guerra y el final le encontraría trabajando para los nazis. Su negativa, explicó, le creó dificultades en España, país amigo de Alemania, y decidió marcharse hasta que la contienda mundial terminara. Regresó a Chile, pero con él viajó su fama y su pasado falangista, y tuvo dificultades para encontrar trabajo. Se cambió de nombre, se hizo llamar Joaquín Romero, y comenzó de nuevo en Radio Minería de Santiago.

En 1951 ya estaba de regreso en Madrid, llamado por los directivos de la SER, al frente de *Cabalgata Fin de Semana*, un poderoso artefacto radiofónico que revolucionó el mundo de las ondas, una auténtica locomotora que arrastró a la cadena y la convirtió en una potencia comercial y de entretenimiento, junto a otra maquinaria de hacer dinero: el prestigioso Cuadro de Actores de Radio Madrid, el feudo de Antonio Calderón, dotado de una personalidad creativa prodigiosa. Y así hasta 1958, en que «el pobre locutorcito», como se autodenominaba con modestia —falsa modestia, porque era inteligente y, por tanto, consciente de su fama y su poder—, decidió marcharse a La Voz de Madrid y la Red de Emisoras del Movimiento, donde comenzó una aventura llamada al fracaso. Pero esa es otra historia.

Conmueven las palabras de Roberto Deglané Rodríguez Portocarrero, el gran Bobby Deglané, dedicadas a modo de confesión a su biógrafo Miguel Ángel Nieto:

Aunque la gente crea otra cosa, lo más difícil de asumir en esta vida es el éxito. El fracaso se digiere muy bien porque, a poco inteligente que seas, en nada de tiempo lo conviertes en una lección que te puede llevar al éxito, pero si no eres muy fuerte, te obnubila, te emborracha, te entontece. Es difícil que te enseñe nada [...]. Eso me pasó a mí en cierta medida. Mira, yo era Bobby Deglané, poderoso, intocable, triunfador, y eso potenció mi soberbia [...]. Cuando dejé de ser aquel Bobby Deglané... eso se volvió contra mí. En mi caso ya, ni modo. Espero que a los demás que venís detrás sí os sirva esto.

III. La hora de Calderón

Don Antonio

Antonio González Calderón no pudo vivir la vida que más le gustaba. Y así fue como vivió algo muy diferente. Lo que más le gustaba era la música. Fue alumno de Conrado del Campo, compositor y violinista, profesor de Armonía en el Conservatorio de Madrid, maestro de músicos como Ataúlfo Argenta y Salvador Bacarisse, autor de zarzuelas y óperas como *El Avapiés* y la internacionalmente exitosa obra de cámara, letra de Tomás Borrás, *Fantochines*, que, por cierto, fue retransmitida en varias ocasiones a lo largo de los años desde los estudios de Unión Radio, contando en cada ocasión con la actuación de destacados cantantes y la orquesta de la propia emisora.

El trabajo y la necesidad apartaron al joven Antonio de la música. Su padre murió en 1935 y ese hecho le obligó a abandonar definitivamente las clases y su vocación. Era necesario aportar dinero al mantenimiento de la casa y la familia. Lo decidió a pesar del ofrecimiento de Del Campo, que no quería perder a su alumno y estaba dispuesto a apoyarle en sus estudios gratuitamente.

Y el trabajo fue la radio. Cita textual:

Ya que no pude vivir lo que yo quería, la música, quise vivir algo que nada tenía que ver con ella, algo muy diferente, la radio.

Había nacido en Melilla en 1915 y seis años después se trasladó a Madrid con su familia. En abril de 1932, comienza a trabajar en Unión Radio Madrid. En agosto de ese año, recala en el departamento de Publicidad después de deambular por otras secciones: Secretaría, Almacén, Correspondencia. Allí escribió sus primeros textos para la radio, textos publicitarios. Se aplicaban tarifas atendiendo al número de palabras del anuncio, a su duración y al número de emisoras que lo radiarían. La empresa Unión Radio S. A. estaba constituida por lo menos en Madrid, Barcelona, Valencia, Sevilla, San Sebastián y Santiago. Los módulos de publicidad contenían aquel año entre cinco y cien palabras, las llamadas «charlas», que necesitaban una escritura más complicada.

En 1934, no se admitían anuncios de menos de diez palabras. Los agentes propios y los libres aportaban los clientes y necesitaban a alguien que editara los textos. Calderón, que era un ilustrado, hizo ese trabajo. No solo significó un aumento de sus ingresos, tan necesarios, sino también el contacto con la parte creativa de la emisora. Comenzó a relacionarse y compartir opiniones con los locutores que iban a leer lo que escribía: Luis Medina y, sobre todo, Carlos del Pozo, que había sido cantante de ópera y actor, y con el que tuvo un contacto más estrecho. Las secciones llamadas Artística y Publicidad dejaron de ser parcelas aisladas y el centro financiero y comercial de la radio, donde nacían muchas ideas para programas y espacios, estableció una comunicación más fluida con los que iban a desarrollar los proyectos que allí nacían. No es exagerado afirmar que la llegada de Calderón, que comenzaba a elaborar en su mente un mapa de la radio en su totalidad, contribuyó a fortalecer esa nueva situación. Era un ilustrado de sólida y amplia formación cultural, no solo musical.

Y así comenzó a vivir con intensidad una vida distinta a la que no pudo vivir. Antonio González Calderón se transformaba ya en Antonio Calderón, nombre más sonoro con el que fue conocido hasta el final de sus días, nombre asociado a una personalidad radiofónica portentosa, a un personaje que desarrolló una concepción de la radio total válida aún hoy.

Uno de sus primeros y grandes proyectos surgió cuando un representante de la empresa automovilística Ford llegó con la intención de contratar una campaña de publicidad. El jefe del departamento, Manuel Barceló del Campo, observó que el segundo en categoría, Ángel Estepa, estaba ausente por enfermedad y envió a la sala de visitas a Calderón, quien siempre contó la escena con una pizca de humor.

El pobre Ángel Estepa era muy tímido. Aquel día estaba enfermo.
Estaba enfermo porque pasaba mucha hambre...

Era 1934, tenía diecinueve años y ocupaba el último puesto en la sección, un meritorio. El ejecutivo de Ford quedó sorprendido por la juventud de su interlocutor, que apareció armado con bloc y lápiz dispuesto a escucharle. Llevaba la idea preconcebida de publicitar una especie de principios, una teoría del mismísimo Henry Ford que contenía dos líneas contrapuestas, expresadas incluso en folletos, que reflejaban los planes empresariales del magnate norteamericano. Algo así como el más y el menos. Más producción, más ventas, más barato; menos mano de obra, menos precio, etc. Todo muy norteamericano, muy eficiente, producción en cadena que abarataba los costes y el precio final de los automóviles, industrialización extrema, especialización del trabajo. Y deshumanización, como expuso Charles Chaplin, Charlot, en su película *Tiempos modernos,* en la que criticaba precisamente los métodos fordianos de producción. Aunque esto, por supuesto, no formó parte de la conversación.

Pero todo aquello le pareció abstruso y poco atrayente para la audiencia y le propuso otra idea. A lo largo de la entrevista descubrió que aquel hombre era, como él mismo, un gran amante de la música y, como sabía que la Ford sostenía a una organización que apoyaba actos y obras de arte, le planteó la realización de una serie de conciertos cuyo número se establecería según el presupuesto disponible. Exponía el plan al mismo tiempo que pensaba en sus contactos con la Orquesta Sinfónica de Madrid y con su director Enrique Fernández Arbós, al que conocía y tenía acceso. La prueba es que, años después de su muerte en 1939, Antonio Calderón y Remedios de la Peña, profesora de música e histórica montadora musical en Radio Madrid, fueron reclamados para participar en una biografía del maestro Arbós, violinista y director de orquesta de enorme prestigio internacional en su época, que publicó Ediciones Cid.

Así nació *La hora Ford.* Los conciertos fueron retransmitidos desde el Palacio de la Música de Madrid y en los entreactos Carlos del Pozo leía la publicidad, simple y directa, centrada en el prestigio de la marca, en su extensión por el mundo. Nada de técnica, ni siquiera el mensaje de que era el mejor coche del mundo. Una imagen sobre las demás: en cualquier lugar del planeta, en China, en la Pampa argentina, en las calles de París o Londres, en el frío paisaje del norte de Europa o en la cálida California, en cualquier lugar se podía encontrar un automóvil o una camioneta Ford. La idea de los conciertos fue aprobada por

Ricardo María de Urgoiti, el gran jefe de Unión Radio, que se interesó por aquel joven tan brillante. Hasta entonces, Calderón solo lo conocía de vista, apenas una figura lejana. Pero sabía que el promotor y fundador de la emisora era hijo de Nicolás María de Urgoiti, que había erigido un imperio de comunicación con los periódicos *El Sol* y *La Voz*, la editorial Dédalo, la industria Papelera Española, empresas de cinematografía y, en fin, la agencia de noticias Febus, de la que había sido director el padre del joven Antonio antes de hacerse cargo de ella Eduardo Ruiz de Velasco padre, que también dirigió el primer informativo propiamente radiofónico emitido por Unión Radio, *La Palabra*. Una historia circular.

La hora Ford fue el primer programa en el que Calderón introdujo la palabra *hora* en el título. Se puede rastrear parte de su paso por la radio teniendo en cuenta ese término. Así, sin intención de agotar la relación, *La hora de Galerías*, una serie de espacios de ficción patrocinada por los grandes almacenes del mismo nombre, y, sobre todo, nombres de informativos, alguno de los cuales, como *Hora 14* y *Hora 25*, aún permanecen en antena y son un indicio claro de su intervención en el nacimiento de los mismos. La información, por otra parte, fue una de sus obsesiones.

Otro aspecto destacado de la retransmisión de los conciertos del Palacio de la Música fue el hecho de que Calderón se propuso rescatar un sistema que la radio había abandonado: el patrocinio de programas. Lo que imperaba era la fórmula de los anuncios por palabras, pero ahora se volvió la vista a esa manera de producción y a la posibilidad de una hipotética creación musical propia que hasta entonces solo había contado con aislados intentos. Uno de ellos fue *El Loro*, de Manuel Abril, escritor, poeta, crítico literario, autor de literatura infantil y de programas radiofónicos para niños. La música la escribió Gustavo Pittaluga, uno de los grandes músicos de la época que, como tantos otros, tuvo que continuar su trabajo en el exilio, en México, donde se refugiaron tantos transterrados.

La filial española de la norteamericana Ford también patrocinó un programa en Radio Barcelona de la cadena SER ese mismo año. Se llamó *La hora Radio Ford*, nombre que nos remite a los conciertos de Madrid. El historiador de la radio española, Armand Balsebre, refiere que se trataba de una emisión musical con orquesta y actuaciones en directo puesta en antena los viernes de nueve a diez de la noche. Apunta además que también incluía variedades, lo que le permite afirmar que fue un precursor de *Cabalgata Fin de Semana*, presentado por Bobby Deglané años después.

Publicidad, patrocinio y música también estuvieron presentes en programas que, en realidad, eran concursos en los que participaron y obtuvieron distinciones y premios que pueden ser considerados como un antecedente de los prestigiosos Premios Ondas. Dada su formación, Calderón participó en ellos formando parte del jurado y en su memoria pícara guardó aquella ocasión en que «influyó» para que recayeran en Enrique Iniesta Cano, un violinista que no compartía la ideología de su hermano, el general Iniesta Cano, identificado con el sector más ultra del franquismo, y en Enrique Aroca, pianista y profesor, al que había conocido durante sus actuaciones en el café María Cristina al frente de una formación musical que variaba según el escenario y la coyuntura —un cuarteto, un sexteto— y que fue el padre de un excepcional montador musical de Radio Madrid del mismo nombre.

Eran los años previos a la Guerra Civil y Calderón mantuvo la impresión tanto tiempo después de que los músicos «eran todos rojos», según expresión utilizada con acento irónico pero no desprovista de cierta verdad. Rojos o no, los músicos y, por tanto, la música tuvieron una importancia grande en la programación. No hay que olvidar en este punto que habían estado presentes en los orígenes de la emisora y que el llamado Grupo de Madrid se contaba entre los impulsores de la creación de Unión Radio. En esa generación de músicos, próxima a la literaria Generación del 27, se integraron, entre otros, Fernando Remacha, Gustavo Pittaluga, Salvador Bacarisse, los hermanos Ernesto y Rodolfo Halffter, Felipe Briones y Conrado del Campo. Bacarisse, además, dirigió la llamada sección Artística de la emisora, es decir, lo que hoy llamaríamos Jefatura de Programación o similar. Fue, además, un directivo muy cercano a Ricardo Urgoiti, con el que viajó a París y otras grandes ciudades en busca de la vida artística, musical, literaria y nuevas formas de expresión, en busca «del pulso intelectual de ese volcán creador» que era Europa.

Sin duda, la radio, Unión Radio, se contagió en esos años de la energía creadora que reflejaba la personalidad de su fundador. Se retransmitían conciertos, sí, pero también se instalaban micrófonos para dar a conocer actos políticos y culturales, se ensayaron experimentos radiofónicos en los que tomaron parte escritores y pensadores del momento, se narraban en directo partidos de fútbol con el locutor deportivo Carlos Fuertes Peralba y se hacían reportajes de todo tipo, incluido aquel que quedó registrado como un hito y se realizó a bordo de una avioneta que sobrevoló Madrid llevando a bordo a un equipo técnico y al locutor Luis Medina.

Unión Radio Madrid desarrollaba y perfeccionaba su programación, y la publicidad le acompañó en ese camino. Los anuncios por palabras se hicieron populares y su eco ha llegado hasta nosotros.

> *¡Calero, donde se viste el caballero!*
> *¡Colchones Sema! Dijo Sema y se durmió.*
> *¡Sus gafas en Óptica Otero! Verá mejor y ahorrará dinero.*
> *Café El Cafeto. ¡Qué buen café! Si no lo veo, no lo creo.*
> *¡Qué barato vende Almacenes San Mateo!*
> *Digestivo Servetinal. ¡Servetinal! ¡Servetinal! ¡Servetinal!*

Este último pronunciado en distintos tonos que ponía a prueba la pericia de locutores poseedores de una dicción sobresaliente y capaces de dar la intensidad requerida en cada momento, como dicen que hacían los locutores Medina y Del Pozo, que provenían del teatro y la ópera.

Los anuncios por palabras requerían poco a poco recursos y un montaje simple al principio, como un fondo musical que subía a primer plano entre frase y frase. O un gong para separar los textos. O el sonido de un carillón que servía para dar la hora asociada a una marca.

> *Son las cinco de la tarde en un reloj Longines.*
> *Longines: ¡el mejor reloj!*

Los comunicados y charlas, en realidad microespacios de un minuto o más de duración, reclamaban complejidad para su realización, pues contaban con un argumento y necesitaban un montaje musical y efectos de mayor dificultad. Entre las marcas que confiaron en la radio para dar a conocer sus productos, además de los citados y del Servetinal famoso que se pronunciaba con tonos diversos —lo que causaba no poca admiración—, encontramos Cerebrino Mandrí contra el dolor de cabeza; Pastillas Juanola contra la tos y afecciones de garganta; Bálsamo Bebé para el cuidado de la piel de los bebés; los cafés El Cafeto y La Estrella; los almacenes, tejidos y confecciones Quirós, La Camerana, El Águila, Sederías Carretas y Paños Ramos, y hasta los sombreros Brave, que, tras la guerra, protagonizaron una agresiva campaña muy ideologizada, oportunista y de mal gusto con textos como los siguientes:

Con el sombrero en la mano, grita: ¡Viva España! Los rojos no usaban sombrero. Brave, Montera, 6

En este ambiente comenzó a crecer la naturaleza radiofónica del joven Antonio Calderón.

La guerra

Y llegó 1936. Guerra Civil.

Antonio Calderón tomó partido por los sublevados. Por lo menos en sus últimos años, fue casi siempre reacio a hablar de su actitud durante la guerra. Pero dejó escritos algunos textos y mantuvo conversaciones que arrojan luz sobre su pensamiento y su vida a propósito de la rebelión militar. Primero, su aparente desinterés.

> *Llegó la guerra y ocurrieron cosas de tipo privado de las que no me interesa hablar. Yo lo pasé tan mal como mucha gente o peor que mucha gente. Lo único que tengo que agradecer a la guerra es que me abrió los ojos sobre muchas cosas que yo no había entendido hasta entonces y también me sirvió para desvanecer algunas dudas. Nada más lejos de mi pensamiento que la política pudiera convertirse en un conflicto tan tremendo como liarse a tiros.*

Antecedentes: en el verano de 1935, ingresó en el Hospital Militar de Madrid para una intervención quirúrgica. Como dato sin más comentario, apunta que allí conoció a Franco. En noviembre de ese año, murió su padre. Reconoce que el comportamiento de Urgoiti en ese trance fue excepcional. Aunque confiesa que es una petulancia gigantesca, afirma que comenzaron a perfilarse los anti y los pro Calderón. Hostilidad de los administrativos y aceptación de la redacción del diario hablado *La Palabra*, de la revista *Ondas* y de la sección Artística. Fluidez y conexión entre el Estudio y Programación. Se hacen habituales las conversaciones con los influyentes locutores Medina y Del Pozo, con los que se cambian ideas y se perfilan textos y programas. Van desapareciendo los compartimentos estancos. Y escribe:

> *Lástima que Urgoiti, que tanto había deseado ese clima, anduviera sumido en otras preocupaciones. Como persona enterada, y muy enterada, contemplaba, sin duda, la formación de aquella enorme ola que se acercaba incontenible como anuncio del maremoto que asolaría España.*

El 18 de julio de 1936, fecha del golpe contra la República, no estaba en la radio porque se había ausentado unos días por motivos personales. Regresó el lunes día 20. Dice: «Me temí lo peor. ¿Cómo habrían interpretado mi ausencia?».

Creía que se encontraría con un escenario alterado por la rebelión militar, las disposiciones del Gobierno para desactivarla y, naturalmente, la inquietud de los ciudadanos. Pero no pasaba nada, al menos nada extraordinario. Se emitía música y en el estudio se encontraba Luis Medina, a quien saludó por señas. El locutor no le contestó. Ricardo Urgoiti no estaba. En Secretaría le dijeron que lo mejor era que se marchara hasta nuevo aviso.

Volvió a la radio el día 24 por la tarde. La escena había cambiado: policía, guardias de asalto. Fue destinado a la centralita telefónica para el turno de noche, desde las 22:00 horas hasta las 9:00 del día siguiente. No tenía idea acerca del nuevo cometido y fue instruido por Emilia, la telefonista, que dejó conectadas varias líneas: despacho de Salvador Bacarisse, jefe de programación, sección Artística, Control y Técnica. El informativo *La Palabra* contaba con varias líneas con Gobernación. Urgoiti disponía de dos o tres teléfonos directos. Ese era el operativo de comunicación interno de la emisora al que debía atender con prioridad. Carlos del Pozo le aprovisionaba de bocadillos y cerveza. En el estudio se organizaban reuniones por la noche.

A principios de agosto le destinaron a un Batallón de Comunicaciones para prestar servicio en Correos. Desapareció. Pero regresó en enero de 1937 y se presentó ante el Comité de Control que le había denunciado por prófugo. Se produjo una escena que calificó de borrascosa porque, por supuesto, se ponían en duda los motivos con los que intentaba justificar su desaparición. Detectó diferencias significativas entre comunistas y cenetistas en el seno del Comité. Fue Agustín Martín Becerra el que interrumpió el tormentoso reencuentro dando por buena su versión. Y anota: «Como es natural, fue al único que no engañé».

Martín Becerra era uno de los cinco miembros del Comité de Control, elegidos entre los afiliados a los sindicatos UGT y CNT, que ostentaban en Unión Radio la representación de los trabajadores. Era un profesional de largo recorrido, formaba parte del diario hablado *La Palabra*, del que fue incluso jefe de redacción, y su nombre había aparecido ya en la programación de primera hora de la emisora. Así, en la relación de programas del día 21 de enero de 1927 enviada a la prensa, se indica que a las diez de la noche, tras las señales horarias —campanadas de Gobernación—, las últimas cotizaciones de la Bolsa y la emisión de la Unión de Radioyentes, se pondrá en antena la «segunda audición (a petición) de la adaptación radiofónica de la tragedia de Shakespeare *Macbeth*, hecha expresamente para Unión Radio por Agustín M. Becerra, interpretada por el cuadro artístico de Unión Radio y con ilustraciones musicales». Y en la revista *Ondas* de fecha 7 de octubre de 1933, al adelantar la programación de la semana, queda reflejado que el miércoles 11 de octubre, a partir de las diez de la noche, tras las acostumbradas campanadas de Gobernación y señales horarias, se emitirá el diario hablado *La Palabra* y, tras él, dos piezas de radioteatro: *El paso de las aceitunas*, de Lope de Rueda, y tras un intermedio de música española, *Entre bobos anda el juego*, de Rojas Zorrilla. Según dice el anuncio sobre esta última, se trata de una «adaptación radiofónica en un acto, por A. M. Becerra». Se especifica que, en ambos casos, la interpretación corre a cargo de «los artistas de Unión Radio».

El Comité de Control de Unión Radio fue elegido por la asamblea del personal, reunida para tal fin en los estudios de la emisora y dirigida por una mesa de discusión compuesta por Augusto Fernández, como presidente, y Agustín Martín Becerra y Rafael Cortés, como secretarios. Augusto Fernández Sastre, Augusto, era un dibujante y cartelista muy conocido por sus ilustraciones en diversas publicaciones. Fue medalla de oro en la Exposición Universal de Artes Decorativas de París en 1928. Dos años antes, en 1926, había comenzado a colaborar en *Ondas*, de donde le viene su relación con Unión Radio. Militante del PSOE y UGT, cuando estalla la guerra se implica en la defensa de la República y trabaja para la Delegación de Propaganda y Prensa de la Junta de Defensa, presidida por el general Miaja. Suyos son muchos de los carteles republicanos que han llegado hasta nosotros. Incluso pudo vestir de uniforme, con correaje y pistola al cinto, puesto que se lo permitía el nombramiento de oficial honorario del Cuerpo de Carabineros. En la radio fue muy activo, como ha quedado de manifiesto, en la organización de asambleas y comités. Además, su activismo le llevó a intervenir ante el micrófono en numerosas ocasiones y, así, se encargó de la lectura del parte de guerra republicano de las diez de la noche —las 22:00 horas—, por lo que adquirió el sobrenombre de «el hombre de las 22:00». El periodista Eduardo Haro Tecglen le recordó como un locutor de voz reposada y tranquilizadora (*En el aire. 75 años de radio en España*. Cadena SER). Tras el golpe de Casado y la inminencia de la rendición de Madrid, partió con su familia hacia Alicante, donde tuvo la suerte de embarcar en el buque Stanbrook con destino a Orán, donde los franceses le internaron en un campo de concentración. Pudo luego emprender viaje a Nicaragua, lugar en el que sobrevivió dando clases de dibujo, y, finalmente, llegó en 1944 a México para engrosar la muy nutrida colonia de españoles exiliados.

Eran tiempos de guerra. Antonio Calderón regresó a Madrid después de pasar por diferentes escenarios bélicos y anota, textualmente, que su actividad principal estaba en Madrid y por eso, asegura, le «tocó ocuparse de la radio». La radio ya no estaba en la calle Pi y Margall, el nombre con el que se conocía a la que hoy es la Gran Vía madrileña, sino en Martínez de la Rosa, más conocida como calle de la Ese por su dibujo sinuoso. La Gran Vía era bombardeada diariamente por los cañones y la aviación facciosa, puesto que la Telefónica, centro de comunicaciones de la República, era uno de sus objetivos. La antena de la emisora también servía como referencia para los ataques. Huyendo de ellos, los estudios y oficinas con todo su personal se trasladaron a la calle de la Ese, en un barrio acomodado, un barrio «nacional» y, por lo tanto, a salvo de bombas y cañones, y en el sótano del edificio de Pi y Margall, conocido como edificio Madrid-París por los almacenes del mismo nombre también ubicados en él, quedaron instalados los equipos emisores.

Esta circunstancia fue aprovechada por un grupo organizado de quintacolumnistas para montar una radio clandestina que aprovechaba el aparato técnico alojado en el sótano. Para difundir sus mensajes y mantener el contacto con la sede del bando franquista en Burgos, utilizaron la misma frecuencia por la que emitía Unión Radio. Calderón fue uno de los promotores de la emisora. El grupo recibía instrucciones de Manuel Gutiérrez Mellado, que llegó a ser general del ejército vencedor, y en esa actividad se cita habitualmente a Manuel Rodríguez Cano, ingeniero y radioaficionado, jefe de programas de la Cadena SER durante muchos años; a Jesús Martín-Córdoba, perito industrial electricista y también radioaficionado, que había comenzado a trabajar en la radio en 1929 como ayudante del ingeniero jefe; y, en fin, entre otros, a José Hernández Franch, un empleado del almacén que se convirtió en locutor no solo en Radio Madrid, sino que también lo fue en el *NODO*, y era una de aquellas voces pomposas, grandilocuentes e imperiales tan características del noticiero documental de propaganda franquista.

Y llegó el 28 de marzo de 1939. Unión Radio pasó a manos de los vencedores y sus instalaciones ocupadas por Radio Nacional de España. Comenzaban otras batallas.

Otra realidad

Pocos minutos después de las diez de la mañana del día 28 de marzo de 1939, el todavía locutor Luis Medina lanzó a las ondas el nuevo indicativo de la emisora:

LOCUTOR (MEDINA): Unión Radio Madrid, emisora intervenida por la primera Compañía de Radiodifusión y Propaganda en los frentes.

Fue lo último que dijo ante un micrófono. Los soldados estaban dentro y, con ellos, los que les seguían, pertrechados de correajes y camisa azul, ocuparon estudios y despachos. Medina, el locutor con cuya voz se identificaba Unión Radio, antes y después de la República y durante la Guerra Civil, fue silenciado para siempre. Condenado a muerte y conmutada tan extrema pena por otra de años de prisión, volvió mucho después a aquellas instalaciones donde había reinado durante un largo tiempo, pero su voz nunca más salió al aire. Testigos de aquella radio sometida afirman que fue acogido de nuevo, pero sin función definida. Murió en Madrid el día 21 de abril de 1966. Posiblemente, pocos se dieron cuenta del fallecimiento de aquel hombre que había llegado a la radio desde la actuación en el teatro, una trayectoria habitual, puesto que no había antecedentes y se precisaban voces de su categoría, formadas en la interpretación. Ese fue el camino de muchos otros, como el recorrido por su compañero en el estrellato radiofónico del momento, Carlos del Pozo.

Lo más probable es que de la memoria de los que fueron sus oyentes se había borrado la imagen de aquel hombre que fue locutor, reportero, actor de dramas y comedias radiofónicas, de espacios de humor escritos por él mismo, narrador de programas y cuentos infantiles, lector insuperable de guías comerciales y cuñas de publicidad, introductor y entrevistador de destacadas figuras de la política, el arte, los deportes. Aquel que en enero de 1934 describió Madrid a bordo de una avioneta que sobrevoló la capital en un alarde de modernidad y técnica avanzada que colocaba a su emisora en la cúspide del mundo de la radiodifusión, que, por cierto, ya nunca abandonó con independencia de la condición de sus dirigentes. Vivió y fue protagonista de aquel brillante momento, de aquellos extraordinarios acontecimientos que eran un reflejo del ambiente ilustrado y creativo del que se rodeó Ricardo Urgoiti, un hombre inquieto. A su muerte, la familia publicó una esquela en el diario *ABC* de Madrid encabezada por esta leyenda:

El señor don Luis Medina Cano. Locutor de radio. Falleció en Madrid a los 79 años de edad…

Es posible que con ese texto que aludía a su profesión de forma tan breve y tan precisa hubiera un intento de reivindicar al que fue, ciertamente, locutor de radio, aunque a partir de 1939 tuvo dificultades para ejercer el oficio según los indicios disponibles.

Muchas cosas se detuvieron en aquel instante. Los invasores trajeron con ellos la desaforada Radio Nacional de España, fundada en Salamanca por el bando franquista, y su nombre sustituyó al de Unión Radio. Durante algunos meses, las dos radios convivieron en una mezcla imposible. La batalla más urgente fue la de salir de aquel caos, recuperar una programación propia y poner en pie de nuevo la emisora. Se volvió a la antigua sede de Pi y Margall, rebautizada como avenida de José Antonio, en honor del fundador de Falange, el partido fascista. Manuel Sopeña fue testigo del escenario al que regresaban:

> *El panorama era desolador. Los locales de la Gran Vía eran escombros y agujeros de bombas. Lo único que estaba igual, como un símbolo de permanencia, eran las altas torres de la antena [...] muchos compañeros habían desaparecido.*

Entre los escombros de la Guerra Civil, proscrito el nombre de Unión Radio, nació Radio Madrid, emisora central de la Sociedad Española de Radiodifusión (SER). Los historiadores de la radio española (Faus, Balsebre) han narrado con detalle la transición, que no fue pacífica, sino dificultosa e incluso violenta. Los testigos de aquellos sucesos cuentan enfrentamientos verbales y físicos con los recién llegados que se apropiaron de dependencias y programación. Un ejemplo: Antonio Calderón había comenzado a retransmitir conciertos bajo el nombre de *Concierto sinfónico*, pero muy pronto lo desplazaron del programa con la autoridad que les daba la fuerza de la ocupación. Lo harían ellos, dijeron.

Por cierto que aquí, con razón o sin ella, se sitúa el origen de una de las anécdotas más hilarantes de la radiodifusión patria. El locutor procedente de la radio de Salamanca, conocido entonces pero de identidad sepultada por el paso del tiempo —afortunadamente para él—, presentó la entrada de los músicos en escena de la siguiente manera:

Aparecen los señores profesores con sus instrumentos en la mano…

Algo le puso alerta, la creencia de que había dicho una inconveniencia, y remató la frase de la peor manera posible:

… instrumentos musicales, naturalmente.

El suceso merece encabezar cualquier «estupidiario» o recopilación de equivocaciones que los mismos profesionales hacen periódicamente de sus errores y meteduras de pata.

La rebelión contra los que habían llegado vestidos de uniforme, bien militar porque eran miembros del ejército vencedor, o bien ataviados con la ropa fascistoide de Falange, puesto que era el partido que se ocupaba de tal menester, fue encabezada por Antonio Calderón, que se propuso dotar de contenidos a una emisora que partía de cero. Fue una labor de titanes, no suficientemente reconocida por muchos premios y honores que se le hayan otorgado, y su autor fue un creador portentoso. Aún más: el concepto de radio que elaboró a partir de entonces se extendió sin remedio por todo el universo radiofónico español y aún perdura. Es como una radiación de fondo que es posible detectar hoy mismo procedente de aquel *big bang*, aquella gran explosión originaria. No es posible desentenderse de su influencia. Aunque no lo sepan, los profesionales actuales operan con las ideas y recursos que nos legó. Descubrió la esencia de la radio, el principio que la anima, su material genético, lo que permanece desde su nacimiento hasta nuestros días, aunque tuviera que adoptar formas dispares, incluso extravagantes, para asegurarse la supervivencia en un viaje del tiempo de etapas no pocas veces borrascosas. Construyó teorías y las aplicó en la práctica, y la mayoría de los que trabajaron con él han hablado sin reservas de una experiencia inolvidable. Algunos de ellos sabían que estaban participando de una obra monumental.

En fin, Antonio Calderón, don Antonio para los muchos que respetaron su figura, fue el creador de la radio española. El relato de los hechos puede acercarnos tímidamente a su obra. Uno de sus primeros intentos duró poco. Escribió y dijo alguna vez que el primer objetivo de los tiranos fue la conquista de la radio y esa ha sido una constante a lo largo de su historia. Lo comprobó personalmente.

En Gran Vía, tras ayudar a librarse del letal abrazo amigo, uno de los primeros proyectos que puso en pie fue un programa de noticias que llamó *Actualidades de Radio Madrid*. Cuando Manuel Aznar Gómez Acedo llegó convertido en director de programas, una de sus decisiones fue la de prescindir del espacio. Después de tantos años, sus recuerdos eran nítidos:

Era un programa de noticias. ¿Y quién cree usted que se lo cargó?
Lo hizo Aznar. Se encontró con aquello y se dedicó a sabotearlo.

Supo de antemano lo que iba a ocurrir porque recibió la confidencia de Patricio González de Canales, delegado de Propaganda, al que conocía muy bien. «Ahí no quieren noticias», le vino a decir. Aún no se había instituido firmemente el monopolio informativo de Radio Nacional. Un cierto caos reinaba aún en las directrices que afectaban a la radio y Calderón estaba seguro de que ese tipo de programas era posible. Además, los directivos de las nuevas empresas radiofónicas eran partidarios del estado franquista y los directores de programas también se significaban como adictos al régimen totalitario implantado. No había, pues, peligro ni ocasión para que las noticias, la información, no estuvieran conforme a las leyes e intenciones del estado surgido del golpe militar de 1936.

Franco había entregado los medios de comunicación a Falange Española mediante un decreto firmado en su cuartel general de Salamanca en 1938, en plena Guerra Civil. Por eso intervino en el problema creado a raíz de *Actualidades* el delegado de Propaganda, González de Canales, que tenía autoridad sobre lo que ocurría en las emisoras de radio. Provenía del universo falangista, aunque del sector contrario a la unificación ordenada por Franco de Falange, las JONS y otras organizaciones ultraderechistas como el carlismo. Esa era también la procedencia de Juan Aparicio, delegado de Prensa encargado de vigilar a los periódicos y demás publicaciones y fundador además de la Asociación de la Prensa, otro órgano de control de los periodistas, de la que también fueron directores destacados personajes del franquismo como Manuel Aznar Zubigaray, el periodista y embajador Aznar, padre de Manuel Aznar Gómez Acedo.

Falange Española ejercía el control y, por tanto, la censura de los medios de comunicación. En agosto de 1939, Franco dicta una orden por la que establece la censura previa de las programaciones de las emisoras privadas y obliga a estas a conectar con los diarios hablados de Radio Nacional de España. No está de más recordar que esta situación se prolongó hasta 1977, nada menos, dos años después de la muerte del dictador y siendo ya presidente del Gobierno Adolfo Suárez.

Ese era el panorama restrictivo de la información en España. Aun así, Antonio Calderón creía que se podía dar la batalla de la información en esa hora temprana porque el desbarajuste era importante y, de todas formas, las estaciones radiodifusoras, que eran concesiones del Estado, estaban en manos de personas de confianza. Su proyecto consistía en revivir el diario hablado *La Palabra*, incluso confió la presentación a la locutora Julia «Julita» Calleja, que lo había sido además de aquel primer informativo radiofónico propiamente dicho que había dado lustre y credibilidad a la desaparecida Unión Radio. Así pues, la prohibición vino de dentro. En una entrevista grabada en el año 2004, don Antonio señaló a Virgilio Oñate, director, y a Manuel Aznar, jefe de programas, como los que —entre otros seguramente— se opusieron a su proyecto.

Eran tiempos peligrosos que transcurrían llenos de zozobra. ¿Sería esa la razón por la que Calderón introdujo en el nombre del espacio la palabra *actualidad* como queriendo camuflar las verdaderas intenciones de «informar», algo que creaba fuertes resistencias? ¿Una hipótesis sin sentido? En 1972 todavía estaba restringida la información y cuando la SER pone en marcha el informativo *Hora 25*, se subtitula como «un programa de cuestiones actuales». Actualidad para enmascarar información, prohibida en los años 40 y hasta en los 70 del siglo pasado. Ambos programas fueron empresas impulsadas por Antonio Calderón. Por cierto, *Hora 25* nos remite a él sin ninguna duda: lleva dentro la palabra *hora*, una constante en su costumbre de poner nombre a los programas con ese término dentro.

Y, puesto a investigar, experimentar, crear e innovar, hasta se inventó el nombre que aún perdura. Lo llamó «servicios informativos», con la inicial resistencia de los directivos de la empresa, a los que les sonaba mal la expresión. Se hablaba de redacción en los tiempos de Unión Radio y también de diario hablado, un reflejo del *journal parlé* francés, para referirse al informativo *La Palabra*, sin duda una terminología recogida de la prensa, de los periódicos, y que adoptó Radio Nacional y que mantiene hasta ahora mismo. Ha sido muy frecuente el hecho de que la radio haya adquirido y hasta copiado términos del periodismo escrito: diario, titular, editorial, portada, contraportada, etc. Algo que repugnaba a Calderón, empeñado en demostrar que el medio radiofónico tiene un lenguaje propio y exclusivo, y que adultera su esencia cuando adopta elementos que le son extraños. En un alarde de radical modernidad, afirmó que en la radio no existen titulares, y se equivocó: la radio está llena de titulares.

La cuestión era que el ámbito de la información quedaba reducido al fútbol, los toros, los espectáculos y la cultura que no incomodara al régimen. Cultura azul mahón, como la camisa de los falangistas encargados de poner bridas y domar a la radio. Pero Calderón no dejó de intentarlo y, siempre que pudo, burlando la censura e incluso apelando a amistades del momento para esquivar a los censores, introducía no ya noticias, que esas son difíciles de reprimir, sino informaciones auténticas que costaron disgustos, multas y apercibimientos de la «autoridad». La censura estaba institucionalizada y muchas veces se convertía en un acto de venganza.

La censura se convirtió en una fórmula de persecución contra personas. Había quien tenía enemigos personales y cargaba contra ellos [...]. Había que enviar tres ejemplares de los guiones de cada programa. «¿Para qué queréis tres ejemplares?», pregunté. «Porque necesitamos el papel», me contestaron. Devolvían uno sellado, autorizado o no, y se quedaban con los dos restantes para reutilizar el papel. Era una época de penuria total. No hacían más que copiar a Goebbels, que fue quien impuso tal cosa en Alemania cuando ya tenían poco papel.

La referencia al ministro y hombre de confianza de Hitler no es gratuita. Calderón, que sabía que la radio podía ser una poderosa arma de propaganda, arma de guerra también, criticó su utilización chapucera en ese sentido copiando de mala manera fórmulas que había puesto en práctica Joseph Goebbels durante el Tercer Reich. La cita, además, viene a poner de relieve que la Alemania nazi era un ejemplo seguido por los gerifaltes españoles, incluso en aspectos menores como la exigencia de los tres ejemplares de guion.

La información forma parte de los genes de la radio, es un componente fundamental de su esencia, de su naturaleza. Antonio Calderón persiguió sin tregua su inclusión en la programación de Radio Madrid, de la SER, con carácter propio y emitida en espacios ideados para tal fin y no solo diseminada en programas de diversa índole. Fue así como en 1964 se inventó *Matinal SER*, presentado en principio como un magazín, contenedor de temática variada, que poco a poco se convirtió en un informativo en toda regla, a pesar de las limitaciones obligadas. *Matinal*, que cambió varias veces de horario entre las siete y las diez de la mañana, abrió unas posibilidades extraordinarias, no solo informativas, también comerciales, en un tramo hasta entonces de escaso interés para los programadores. Puso al joven periodista Manuel Martín Ferrand al frente de un equipo en el que destacaba el también joven e igualmente periodista Basilio Rogado y los locutores Tomás Martín Blanco y Alicia López Budia, entre otros. Hizo una concesión al pasado al incorporar a José Hernández Franch, que se había convertido en locutor, trabajo que simultaneaba con la misma labor en el *NODO*, el noticiero documental de propaganda franquista de obligada proyección en todos los cines del país. Se recuerda a Hernández Franch, encargado de leer con su voz pomposa un boletín de noticias presentado literalmente como «noticias facilitadas por Radio Nacional de España», circunstancia que auguraba una cierta apertura, pero, al mismo tiempo, la amenaza constante de que esa función correspondía en exclusiva a Radio Nacional, a donde había emigrado Aznar dos años antes, abandonando la jefatura de programas de la SER, y donde, por cierto, se dedicó a reforzar la estructura informativa de la radio oficial.

Calderón se adelantó a lo que forzosamente estaba por llegar. Fue, como en tantas ocasiones, una creación suya. Aprovechó resquicios legales y de programación, cuando no de desinterés, para imponer sus nunca abandonados planes de poner en pie una radio informativa y hacerla imprescindible. *Matinal Cadena SER* debe ser considerado, en ese sentido, un hito histórico, una batalla ganada en una lucha descomunal no exenta de multas, advertencias e incluso amenazas de cancelar la concesión gubernamental con la que operaban las emisoras de radio. Fue una pelea constante por la información mediante la cual fue sembrando espacios que devinieron finalmente en auténticos informativos y que culminó con la puesta en antena de *Hora XXV* (se anunciaba con números romanos) en la noche del 31 de enero de 1972 porque era lunes, el día idóneo para hacerlo, y no el martes 1 de febrero con la semana ya comenzada. De nuevo encargó a Martín Ferrand la dirección del programa y, tal y como ocurrió con *Matinal,* se aprovechó la estructura de cadena con la que funcionaba la SER para ofrecer conexiones múltiples con las distintas emisoras y ampliar las posibilidades de emitir noticias, reportajes, entrevistas y, en fin, cualquier otra modalidad del periodismo. Así fue como, esa noche del último día de enero, comenzaron a sonar las voces del equipo inicial: José Joaquín Iriarte, Luis Rodríguez Olivares, Manolo Alcalá, José María García, Juana Ginzo, Nacho Artime, Manuel Amado, Manuel Lorenzo, Rosa María Belda, Teresa Navaza desde Santiago, Joan Castelló Rovira desde Barcelona, Esperanza Sánchez desde Sevilla y más.

Fue un hecho trascendente. El indicativo del programa, en la voz de Juana Ginzo, debe figurar sin reservas en la historia de la información radiofónica.

En la Cadena SER, Hora 25. *Un programa de cuestiones actuales.*

Cuestiones actuales para encubrir y disimular lo que era ya un propósito firme: el de informar en toda regla sufriendo las dificultades que imponía el régimen moribundo, pero exigía, por otra parte, la audiencia que demandaba el derecho a ser informada. Aunque seguía siendo un tiempo difícil porque el final del franquismo era extremadamente violento en su agonía, represión, tortura y muerte incluidas, y la radio se convirtió en uno de sus objetivos predilectos. Este es un medio «escandaloso» que multiplica como ningún otro el eco y la repercusión de los mensajes que emite. Mucho más que la letra fría de los medios escritos, también amordazados cuando convenía.

Y, así, una de aquellas noches el sencillo y expresivo indicativo sufrió una leve modificación con efectos especiales incluidos. Fue el 26 de septiembre de 1975. Horas antes de los últimos fusilamientos de Franco. Prohibición absoluta de informar. Todo preparado para comenzar el programa. El guion decía:

SEÑALES HORARIAS
JUANA: Son las once de la noche.
INDICATIVO. EFECTO LARGO
JUANA: En la Cadena SER, Hora 25. *Un programa de cuestiones actuales.*

Pero Juana estaba llorando. Sonaron las señales horarias. Juana dio la hora. Sonó el efecto característico y, llorando y sin consultar con nadie, dijo así el indicativo:

JUANA: En la Cadena SER, Hora 25. *Un programa de cuestiones.*

Al no pronunciar la palabra *actuales* del indicativo, subrayado con los sollozos que sonaron en directo y fueron efecto especial en vivo, puso de relieve la censura que trataba de eliminar lo trágico de aquellos acontecimientos. Nadie se lo reprochó. Es dudoso, sin embargo, que trascendiera su significado más allá del estudio donde tenía lugar la emisión, pero fue una rebeldía que se acumuló a otras. Seguían llegando las famosas «noticias facilitadas por Radio Nacional de España», pero a esas alturas los periodistas habían aprendido a suprimir algunas o reescribirlas para quitarles todo sesgo propagandístico y adecuarlas a la realidad, y añadir otras de su propia cosecha. Una lucha constante contra la censura. Y así, cuando en 1977 se abolieron las dificultades oficiales, *Hora 25* y la SER contaban con una redacción suficiente y preparada para empresas definitivamente informativas.

Una lucha constante y larga que comenzó nada más terminar la guerra, como se ha visto. También fue una decidida lucha por recuperar la audiencia y, si no se podía informar plenamente sobre la realidad, se hizo lo que se pudo con esfuerzo, dedicación y asumiendo las amenazas constantes. Y no solo eso:

> *Si la realidad política y social era algo peligroso que la radio no podía reflejar con exactitud a través de su programación, fue necesario inventar otra realidad.*

Surge la radio entretenimiento, la radio espectáculo, los brillantes magazines, los concursos, los dramáticos. Antonio Calderón fue su principal creador. Una afirmación tan categórica no supone ningún riesgo. Toda su obra, desde aquel momento hasta su despedida en 1979, es la muestra más patente de un asombroso empeño en dotar de contenidos a la programación. Todos los contenidos: el espectáculo, la publicidad, los programas infantiles, los dramáticos. Desde lo más popular y simple a empresas más complejas, aquellas a las que con todo merecimiento se les puede llamar arte radiofónico. Y así hasta su jubilación. Fue locutor, escritor de guiones, director de sus obras y de los demás, creador del mítico Cuadro de Actores, programador, creador de programas, directivo. No hubo parcela de la radio que no prestigiara con su talento, con su poliédrica y genial personalidad. Hasta el mismo momento de su jubilación.

Yo no me jubilé, me jubilaron. No me retiré, me retiraron.

Y fue una queja que repitió más de una vez. Le acompañó hasta el final de sus días.

Una voz que nos habla

Sí, don Antonio también fue locutor. Hay pocos datos sobre la época en que ejerció esta esencial profesión radiofónica. Esencial y primigenia. La radio en su origen se puede calificar sencilla y simplemente como «una voz que nos habla». En sus propias palabras:

Al igual que ocurre en otras actividades, la radio que en principio fue únicamente en el sentido esencial la voz de alguien que nos hablaba, de alguien que se dirigía a la escucha, al proyectarse en otras direcciones en su lucha constante por la captación de la audiencia, llegó a olvidarse de que la clave, la génesis de todo, estaba en algo tan sencillo, tan elemental, como una voz que nos habla.

Hay pocos datos y escasos testimonios. Entre ellos, el muy relevante de la actriz Juana Ginzo, que relata un primer encuentro en el locutorio donde en ese momento Calderón estaba interviniendo. Era el año 1946, el año de *Pasos*, y se trataba de la posibilidad de entrar a formar parte del grupo de actores y actrices que trabajaban de forma habitual con él. Llegó en el momento en que estaba hablando, por lo que tuvo que esperar a que el locutor introdujera un disco y el piloto rojo de la puerta del estudio se tornara verde. Mientras, estuvo escuchando. Ya dentro, el inicio de la entrevista fue un tanto tormentoso. Aun así, Ginzo pudo apreciar la calidad de aquella voz.

Me mandó callar y dio paso a una nueva melodía con una voz profunda y suave a la vez que no se parecía en nada a aquella otra que me estaba haciendo la puñeta.

Una voz profunda y suave que en nada se parecía a aquella otra que estaba haciendo la puñeta a la actriz que, finalmente, se convirtió en una de sus intérpretes más apreciadas. Es decir, utilizaba su voz y la transformaba, la manejaba, según requería la ocasión. Un locutor. Un profesional que, sin embargo, no estaba muy satisfecho de serlo. No solo eso. Sería mejor decir que ante el micrófono se sentía desamparado y, no pocas veces, en situación de temor e incluso de pánico. Aquí sí hay testimonios. El suyo es el más convincente.

Eran los primeros años tras el divorcio de los invasores de Radio Nacional. Dada su formación musical, es presumible que algunos de los programas a su cargo tuvieron ese contenido. Y si repasamos la programación de la época, es fácil deducir que las grandes obras de autores clásicos llenaron el contenido de los espacios que presentaba. También música de zarzuelas y piezas de autores españoles tan del gusto de aquel tiempo. Pero ya sabemos que no era un mero presentador de discos, sino que cada pieza le servía para investigar sobre acontecimientos y personajes, sobre la historia de la época en que había sido escrita. Y pronunció frases con el sentimiento que refleja esta cita textual:

Yo estaba entonces de locutor. Fueron los años más duros de mi vida. No me soltaban. Estaba ya escribiendo y dirigiendo, y seguía de locutor.

Esa situación estaba vigente cuando llegó Manuel Aznar Gómez Acedo a hacerse cargo de la jefatura de programas. Siguiendo otra vez sus palabras, se puede deducir que Aznar no supo ver el potencial de aquel joven que estaba a punto de revolucionar el panorama de la radio española. Continuó de locutor mientras escribía, dirigía y, sobre todo, observaba. Miraba a su alrededor y no veía gran cosa. Y esperó. Se dijo que alguien tendría que romper el panorama plano de aquellas programaciones. Y esperó. A veces surgía una sorpresa como la revista radiofónica que realizó Francisco Garzón, un funcionario del Ministerio de Justicia que llegó a Radio Madrid de la mano de Aznar. Gente rara, decía Calderón, que llegaba apoyada por Aznar o enviada por su padre, el embajador Aznar, quien debía ejercer influencia sobre su hijo y, como se verá más adelante, una gran influencia en los acontecimientos políticos que afectaron a la radio.

Francisco Garzón sí llamó su atención. Estaba al frente de un magazín bien construido con periodistas y colaboradores notables. Además de ese espacio, las actrices Carmen Arenas y

Maribel Alonso hacen referencia en diversas entrevistas a un serial que destacó por entonces. Se llamó *Nueve millones* y cada uno de sus capítulos era encargado a escritores distintos de primera fila. Arenas y Alonso participaron en aquel temprano relato emitido por capítulos en la inmediata posguerra y en el que también intervino Víctor Seijo, que hizo popular el personaje de Señor Durán. Seijo fue el actor que encarnó al director del hospital psiquiátrico en el que Calderón situó parte de la acción de *Pasos*.

Pero una de las características profesionales, también vitales, de Antonio Calderón era su conocida exigencia consigo mismo y con los demás. Y así no tuvo inconveniente en considerar y manifestar que casi todo lo que salía al aire tenía un tufo pretencioso desprovisto de interés para la audiencia. También la revista de Garzón, con el que tuvo algún roce gracias a su sinceridad. Y le acusaron de envidioso.

Sí, le envidiaba. Envidiaba que pusieran a su disposición tal cantidad de medios porque el papanatismo de la gente que mandaba en la radio era inaudito. Yo me dije: «Pero si esto no interesa a nadie», no que fuera malo o bueno. No se daban cuenta de que para mí, a pesar de todo, había algo aprovechable y era el carácter periodístico del programa.

Sin embargo, a alguno de aquellos personajes, «gente rara, amigos de Aznar», le prestó ayuda por ver por dónde se abriría paso la radio. Hubo otros que no merecieron su atención, ni siquiera en los casos en que quizás conseguían mucha audiencia. No le importó.

*Creían que aquello era la radio. Era asombroso el papanatismo
imperante. La única equivocación que tuve es que, como diría un
castizo, uno desconoce al personal.*

Y allí siguió escribiendo, dirigiendo y haciendo de locutor.
No le permitían dejar el micrófono que, como mínimo, le per-
turbaba. Y es que tenía miedo de hablar sin que los textos que
había preparado tuvieran suficiente calidad, que su contenido
no fuera por lo menos atractivo. Por supuesto, trataba de huir
de aquel tono ampuloso, tan habitual entonces, que detestaba.
Y de alejarse de los que intentaban hacer una obra literaria con
lenguaje florido y cursi.

*Lo que es literatura no es radio. La radio tiene su propio lenguaje.
Incluso las obras literarias tienen que ser adaptadas a ese lenguaje.*

Y de los graciosos que llenaban las ondas de humor vulgar
y ramplón sin contenido.

*El locutor gracioso es una figura vieja y tópica, trasnochada, que
en muchos casos resulta de mal gusto.*

Dejó una serie de consideraciones sobre la figura del locutor
valiosas ayer y vigentes hoy mismo. Como cuando aconsejaba no
utilizar vocablos rebuscados que resultan pedantes para los oídos
cultos e incomprensibles para el oyente medio; tener siempre
presente que la tan alabada naturalidad de los grandes locutores es
una cualidad elaborada, estudiada y medida, porque la naturalidad
espontánea no puede ser llevada al micrófono; cultivar la facultad

de síntesis aun cuando se tenga facilidad de palabra, etcétera. Consejos que valen para hoy. Si repasamos las programaciones de distintas emisoras, aún es posible encontrar algún ejemplar como los descritos. Actualmente hay famosos locutores/presentadores que confunden la intensidad con el grito y la impostación, y el ritmo, tan valioso en las emisiones de todo tipo, con la velocidad.

Calderón observó que la radio espectáculo, la radio dramática y de ficción, incluso la radio musical, arrinconó y desplazó a los locutores, es decir, a las voces que nos hablan. Quedaron en la sombra, reducidos a lo que se llamó locutor de continuidad, los que anunciaban los programas que íbamos a oír o los que habíamos oído o, en el mejor de los casos, los que leían textos que habían escrito otros sin su participación. Ni siquiera necesitaban comprender lo que leían, eran buenos lectores sin más. Sin embargo, la naturaleza de la radio ha rescatado en los últimos años esas voces imprescindibles. «La radio es información, información, información», afirmaba con rotundidad. Incluso a su pesar muchas veces. Y cuando las condiciones políticas y sociales acentuaron esa característica, aparecieron de nuevo las personas capaces de llevar a cabo ese trabajo. En un movimiento de regresión, los medios de comunicación del talante de la radio volvieron a buscar personajes, hombres y mujeres, preparados para informar. Si movemos el dial en busca de cualquier emisora, los encontraremos, allí están, buenos o malos, se llamen como se llamen: locutores, presentadores, periodistas, los que manejan su voz con solvencia, con los conocimientos precisos para mantenernos al corriente de lo que pasa por el mundo, lo que nos pasa a nosotros mismos.

Antonio Calderón luchó en tiempos difíciles y después para que eso sucediera así.

Blanco

Medianoche del 12 de octubre de 1946. La emisión de *Pasos* ha terminado. El director, los actores y actrices, técnicos, ruideros y locutor de servicio abandonan el estudio. Casi todos encienden un cigarrillo que les libera de la tensión del directo. El suelo ha quedado alfombrado de las hojas desechadas del guion. Son folios tirados a multicopista y cosidos con una grapa en la esquina superior izquierda, impresos a una cara con un texto de color morado que mancha los dedos fácilmente. Muchos de los intérpretes, para evitar que el micrófono recogiera el ruido de pasar las hojas conforme se desarrolla la acción, han desgarrado la esquina del guion para deshacerse de la grapa y dejar suelto el papel que, sencillamente, dejan caer al suelo página a página. Un ayudante de estudio o un conserje los va recogiendo.

La emisión continuó media hora más. Comenzó a sonar una melodía y el locutor anunció que iba a dar comienzo *Música de baile,* el programa con el que finalizó la programación del día, no sin antes leer una breve «lectura de programas, despedida y cierre», y remató con «hasta mañana, si Dios quiere» y los gritos de rigor de «¡Viva Franco! ¡Arriba España!».

Uno de los ruideros o especialista de efectos guardó con cuidado su ejemplar, el que aparecerá más de setenta años después casi sin desperfectos. Está lleno de anotaciones y subrayados. Ha marcado con lapiceros de color rojo y azul los efectos que le correspondían: una puerta que se abre o se cierra, una silla que roza el suelo. Los pasos del mudo, no. De eso se encargó Melero. Lleva poco tiempo en la radio y su presencia constituyó uno de los sorprendentes casos de tolerancia que se daban en aquel ambiente en tiempos tan difíciles, tiempos de revancha. Radio Madrid fue un escenario benevolente para los vencidos que callaban y hacían su trabajo lo mejor que podían.

Se llamaba Enrique Blanco Lillo y estaba en libertad provisional. Originario de Valencia, en 1936 se encontraba en Madrid estudiando Veterinaria. Había pertenecido a la Federación Universitaria Escolar (FUE), organización estudiantil opuesta a los grupos católicos de tendencia conservadora nacidos en la Universidad, que se había hecho notar en los años de la dictadura de Primo de Rivera y contra la monarquía, aunque su actividad política había disminuido considerablemente tras la II República. (Apunte significativo: la Facultad de Veterinaria se encontraba en la calle de Embajadores y era vecina de la fábrica de tabacos. Las cigarreras, mujeres combativas, hicieron a menudo causa común con los estudiantes en protestas y disturbios).

Cuando se produjo el golpe militar, Blanco Lillo se alistó como voluntario y participó en la guerra integrado en unidades republicanas, llegando a alcanzar el grado de teniente del ejército rojo, según la jerga jurídica franquista. Tras la derrota huyó a Francia, como hicieron miles de españoles formando un penoso río de fugitivos que intentaba escapar de la represión y, quizás, de la muerte. Como tantos compatriotas, fue internado en un campo de concentración de donde escapó a los pocos días espoleado por las lamentables y violentas condiciones de vida que impusieron las autoridades francesas. La nueva huida le llevó hasta Burdeos, donde se encontró con compañeros de armas que trabajaban en actividades antifranquistas. Desde Burdeos regresó a España avalado por los certificados y cartas de buena conducta que sus familiares le habían conseguido. Su estancia en Madrid fue breve, puesto que le contactaron los conocidos encontrados en la ciudad francesa a donde regresa en un precipitado y clandestino viaje de vuelta para participar en una reunión de la Alianza Democrática Española (ADE), una organización que se afanó en publicar manifiestos contra la posible entrada de España en la Segunda Guerra Mundial al lado de las naciones del Eje, tal y como hicieran más adelante los grupos de propaganda de Estados Unidos, OWI y OSS. No existen indicios de que la ADE propugnara acciones violentas, terroristas o de guerra. El gobierno de Franco había sido reconocido por Francia y Reino Unido, y los confabulados de Burdeos trasladaron su dirección a Londres ante al avance de los alemanes. El gobierno de Madrid estimó que los miembros de esa organización, procedentes de varios grupos republicanos ya en el exilio, ejercían labores de espionaje a favor de los británicos.

Enrique Blanco regresó a España de nuevo y, siempre según la sentencia que le condenó en Consejo de Guerra, transmitió a sus enlaces diversas informaciones como movimientos de tropas en estaciones de ferrocarril con destino a Marruecos, situación de talleres de reparación de aviones, fortificaciones, etcétera. Se produjo muy pronto una importante caída propiciada por una infiltración de la Policía y Blanco fue detenido junto a dos centenares de personas en junio de 1940. Fue juzgado y condenado por un delito de espionaje a ocho años de prisión mayor. Otros tuvieron menos suerte y fueron condenados a muerte y fusilados. Fue puesto en libertad provisional el 26 de diciembre de 1945, aunque esa situación no se hace efectiva oficialmente hasta 1947, según se dice en el Boletín Oficial del Estado del 26 de mayo de ese año por orden del ministro de Justicia, el falangista Fernández Cuesta, que hizo constar el hecho de que «a propuesta del Patronato Central para la Redención de las penas por el trabajo y previo acuerdo del Consejo de Ministros [...] Su Excelencia el Jefe del Estado, que Dios guarde, ha tenido a bien conceder el beneficio de la libertad condicional» a sesenta y tres presos de una tacada. El papeleo iba, pues, con retraso.

Pero ya sabemos que Enrique Blanco estaba el 12 de octubre de 1946 trabajando en la radio, participando en la emisión de un programa firmado por Percy Brown, nombre tras el cual se identificaba a Antonio Calderón, que iba a marcar un antes y un después en la historia de la radiodifusión española. A la radio, una profesión con futuro, llegaban personas de la más variada, incluso rara, procedencia. El gran Teófilo Martínez, que había sido representante de artículos de papelería y oficina, visitaba las dependencias de Radio Madrid con frecuencia y allí se quedó con su extraordinaria voz. El técnico Esteban Cabadas había sido luchador, de los que se pegan en un *ring*. El entrañable Carlos González era un empleado de la Casa Americana, llegó con Robert Kieve y se quedó también. Así lo hicieron actores, cantantes, músicos, aficionados o profesionales.

Blanco había sido estudiante de veterinaria, la guerra interrumpió sus estudios y ahora era un preso político en libertad provisional. Cumplió condena en diversas cárceles y recaló finalmente en la de Yeserías, cárcel de hombres, de presos políticos, un recinto temible según el testimonio de los que tuvieron la desgracia de ser recluidos en ella. El periodista Eduardo de Guzmán ha dejado escritos terroríficos sobre esta y otras prisiones por las que pasó tras su detención en el puerto de Alicante cuando, junto a una marea humana de desesperados, confiaba en salir del infierno que ya se adivinaba en un barco que nunca llegó. En Yeserías, antiguo asilo situado en la calle madrileña de ese nombre, se hicieron experimentos humanos a la manera nazi y se había establecido una «normalidad» dominada por la humillación, el hambre, las palizas e, incluso, la muerte. Lo que sucedió después bien podría ser calificado como un golpe de suerte. Blanco fue destinado a una dependencia, llamada laboratorio, de un hospital penitenciario que en 1943 se instaló dentro de la prisión (¿le habrían ayudado los estudios interrumpidos de veterinaria?). Su hija aún guarda fotografías de su padre enfundado en una bata blanca que reflejan diversas escenas de la vida en esas estancias carcelarias. Aprendió a poner inyecciones, a extraer sangre para análisis, a ayudar a los médicos en su tarea terapéutica y, sobre todo, entró en contacto con personas que le iban a ayudar a recobrar la libertad.

En la familia de Enrique Blanco existió siempre un sentimiento de agradecimiento hacia Ángel Sopeña, miembro del Partido Comunista (PCE) en la clandestinidad. Era médico ginecólogo del Ministerio de Justicia. Una de sus dedicaciones fue la de atender a las mujeres de los funcionarios de prisiones, por lo que es fácil deducir que las instalaciones médico-carcelarias de Yeserías propiciaron la relación y, dadas las características políticas y humanas del doctor, es posible concluir que sus informes favorables al preso Blanco Lillo sirvieron para que este consiguiera la libertad provisional, además de la redención de penas por el trabajo. Por cierto, Ángel Sopeña fue un médico de enorme prestigio, adelantado en la lucha feminista y defensor de los métodos anticonceptivos en tiempos en que tal cosa era un grave delito. Cuando Yeserías pasó a ser una prisión de mujeres, ejerció, por fortuna para las reclusas, como ginecólogo de la cárcel. Dimitió de su puesto en 1975 como protesta por los últimos fusilamientos de Franco. En Consejos de Guerra montados en Madrid, Burgos y Barcelona, sin garantías para las defensas según declararon los abogados defensores, se dictaron once condenas de muerte contra militantes de ETA y FRAP. Como es sabido, cinco de los condenados fueron finalmente fusilados el 27 de septiembre y a los demás se les conmutó la pena de muerte por años de prisión. Fue el caso de dos muchachas de poco más de veinte años presas en Yeserías, embarazadas según los certificados expedidos por el doctor Sopeña en un esforzado intento de salvarles la vida.

La suerte no vino sola para Enrique Blanco. En el laboratorio de la entonces cárcel de hombres conoció a Carlos García Pastor, médico de prisiones igualmente, con quien tuvo un trato más que profesional. Lo demuestra el hecho de que, tras su puesta en libertad, seguro que también con informes favorables del doctor, este le ofreció trabajo en su laboratorio particular especializado en análisis clínicos, lo que tuvo su importancia porque fue la puerta que le permitió entrar en contacto con la radio. Las empresas disponían de servicios médicos propios. Por ejemplo, el doctor Julio Ortiz Vázquez, catedrático, maestro de médicos, alumno de Gregorio Marañón, director de la Ciudad Sanitaria La Paz de Madrid y, al mismo tiempo, con consulta privada, ejerció como médico de empresa de la SER. El laboratorio de análisis de Carlos García Pastor trabajó igualmente para esta emisora y en el recuerdo de la familia está que Enrique Blanco iba con frecuencia a la Gran Vía madrileña, donde tenía y tiene su sede

Radio Madrid, para entregar resultados de análisis de los empleados o en busca de muestras para realizarlos. Recordemos que, además, Blanco contaba con ciertos conocimientos para poner inyecciones o extraer sangre, adquiridos en la cárcel. Ese fue su primer contacto con la radio y, como ocurrió en tantas ocasiones, ofreció sus servicios y le fueron aceptados. Comenzó haciendo ruidos, los más sencillos, y en el cenit de su carrera radiofónica llegó a ser un destacado técnico de exteriores empleando sus conocimientos en conexiones muy diversas y acontecimientos de envergadura, como retransmisiones deportivas de la Vuelta Ciclista o el Tour de Francia.

Que sabía poner inyecciones era bien sabido. En uno de los guiones que guardó en 1946, la actriz Carmen Arenas escribió esta dedicatoria:

A mi amiguete Enrique, con toda su simpatía y la caja de inyecciones. Cristina Bermang.

Ese era el nombre del personaje que acababa de interpretar. En la primera página del guion, Antonio Calderón, el autor, también firmó una dedicatoria expresándole su «admiración y agradecimiento». El ruidero Blanco, más tarde técnico de exteriores, siguió poniendo inyecciones a los ahora compañeros de trabajo y ese hecho está en la memoria de los que convivieron con él. Por eso es más que probable que fuera uno de los protagonistas de una de las escenas más hilarantes de la historia íntima de la radio que luego se recordó a lo largo de los años con todas las variantes y añadidos que eran capaces de aportar los que contaban la anécdota.

El famoso Cuadro de Actores salía de gira por los escenarios de todo el país representando adaptaciones teatrales de obras radiofónicas. El autobús esperaba. Hubo un retraso porque uno de los actores, Julio Montijano, marido de la actriz Matilde Conesa, estaba aquejado de un fuerte resfriado o quizás era un lumbago, porque las versiones del acontecimiento no siempre coincidían. Montijano había sido legionario y contaba y contaba, una vez y otra vez, sus aventuras en África, el calor del desierto, el frío de las noches estrelladas, las hazañas de su unidad. Él mismo tenía aires de legionario: moreno, desabrochado un botón de más de la camisa, con las mangas arrolladas muy por encima de los codos. Pidió un analgésico en el botiquín ante la premura de la situación. Pero alguien, seguramente Enrique Blanco (¿por qué no?), se ofreció a ponerle una inyección, un antibiótico inyectable que sería más efectivo. Cuando Montijano, Monti para los compañeros, vio la jeringuilla y la cercanía del pinchazo en las nalgas, se desmayó y cayó redondo al suelo. Alguien dijo: «¡Joder con el legionario!». Y esa frase se quedó flotando para siempre a disposición de quien la quisiera utilizar. «¡Joder con el legionario!» fue una exclamación pronunciada ciertamente con profusión ante situaciones sorprendentes hasta que se desgastó y se borró por su uso continuado.

El caso de Enrique Blanco Lillo arroja luz sobre lo que se sucedía en aquella radio de posguerra que no podía contar lo que ocurría realmente en el país, pero que no era ajena de puertas hacia adentro a los dramas que se estaban viviendo. No fue el único caso, hubo otros y Calderón intervino más de una vez en ellos, porque hubo quienes quisieron comportarse como vencedores ante los vencidos.

Rojo

En 1946, Antonio Calderón dominaba el área creativa de Radio Madrid. Solo escapaba a su influencia la actividad de Robert Steiner Kieve y la puesta en escena radiofónica de su labor propagandística que pasaba directamente por las manos de Manuel Aznar, jefe de programas. Por supuesto, era dueño de sus propias creaciones y elegía actores y técnicos para realizarlas. De la misma forma, defendía su independencia como realizador y director cuando se trataba de obras de otros autores. Era un director-autor. Lo dejaba claro en cada ocasión.

Introduje el concepto de adaptación libre para la radio. Adaptación de una obra original al lenguaje radiofónico. Y esa idea la apliqué a los guiones ajenos. Yo podía hacer modificaciones si lo creía conveniente. A veces alteré el orden de las escenas, de los diálogos. Y si el autor no tragaba, le devolvía el texto sin ningún problema.

Si Enrique Blanco llegó a Gran Vía 32 —entonces avenida de José Antonio— con un pasado carcelario y en libertad provisional, un rojo, y le permitió trabajar en una de sus obras más emblemáticas, fue porque lo estimó oportuno sin más. La honradez de Calderón era célebre, tanto como el rigor que aplicaba a su propio trabajo y al de los demás.

Más: Fernando Dicenta, actor, escritor de guiones, dramaturgo y poeta, se entrevistó con él en busca de trabajo, con la intención de integrarse en la gran compañía de actores de Radio Madrid, en el mítico y legendario Cuadro de Actores del que Calderón también —¡cómo no!— fue su creador. Dicenta quiso ser honesto y le advirtió de que procedía de otra emisora de donde tuvo que salir por las dificultades con las que se enfrentó. Relató este escueto diálogo:

Dicenta: Quiero prevenirle. Me han echado por rojo y quiero que usted lo sepa.
Calderón: Usted viene aquí a trabajar. Y se irá si lo hace mal. Y si lo hace bien, se quedará.

Pero mucho antes de esa escena, en 1946, había otros rojos trabajando en Radio Madrid, una empresa paternalista en donde el ambiente era acogedor siempre que los de izquierdas no hicieran gala de sus ideas. Había que sobrevivir, y mantenerse en silencio era una buena actitud. Por otra parte, los espacios dramáticos y los actores y actrices que los protagonizaban comenzaban a adquirir prestigio y a proporcionar ingresos considerables a la empresa. Se imponía el patrocinio de estos programas por firmas destacadas del mundo del comercio madrileño. Todo eso contribuyó a diluir los ataques que los vengativos camaradas vencedores intentaban de vez en cuando. Enrique Blanco y Vicente Marco fueron nombres denunciados ante Antonio Fontán de la Orden, el coronel Fontán, subdirector general de la SER, director de Radio Sevilla durante la guerra, dueño por tanto de los micrófonos desde los que el general Queipo de Llano lanzaba sus terribles y criminales alocuciones contra los republicanos. Marco relató la reacción de Fontán de la Orden, que pronunció una frase lapidaria.

¿Hacen bien su trabajo estos señores? Entonces que nadie los toque.

Vicente Marco Orts tenía una historia republicana evidente. Era hijo de Vicente Marco Miranda, diputado republicano, concejal y alcalde en el Ayuntamiento de Valencia, masón, periodista, destacado blasquista, el movimiento político que giraba en torno al escritor Vicente Blasco Ibáñez. Se integró en el Frente Popular a través del partido Esquerra Valenciana a raíz de las elecciones de 1936. Su activismo político fue intenso. Se mantuvo fiel a la República durante la guerra y, tras ella, tuvo que ocultarse durante largo tiempo para evitar su detención. Vicente Marco hijo gustaba de recordar que el entierro de su padre, ocurrido en 1946, constituyó una espontánea y multitudinaria manifestación de valencianos que corrieron un riesgo cierto al acudir al cementerio civil donde fue inhumado por orden gubernativa. Vicente Marco recordaba a su progenitor en 1931 enarbolando la bandera republicana en el balcón del ayuntamiento. Y guardaba una fotografía donde sus padres posan junto a un grupo de personas que rodean a Pablo Iglesias, el líder socialista.

En esa fotografía aparece un niño de unos tres años ajeno seguramente a la importancia del momento. Es nuestro Vicente Marco, que andando el tiempo se convertiría en el primer e histórico presentador de *Carrusel Deportivo*. Sin embargo, su intención era la de ser actor. Y lo fue. Llegó a Madrid y se presentó junto a su novia, Chelo Azcárate, a un concurso, *Tu carrera es la radio*, ideado por Robert Kieve al final de su estancia en España. Fueron admitidos y comenzó a interpretar, e incluso a escribir, sus primeros guiones, enlazando así con su actividad teatral juvenil cuando se unió al grupo El Búho, que durante la II República y la guerra dirigió el escritor Max Aub. Se trataba de popularizar el teatro y llevarlo a ambientes habitualmente ajenos a este tipo de manifestaciones culturales, un objetivo que también se propusieron otras compañías como la de Federico García Lorca, La Barraca, y Alejandro Casona, El teatro del pueblo. Durante la guerra, María Teresa León y Rafael Alberti llevaron el teatro hasta las mismas trincheras republicanas con su grupo Las guerrillas del teatro.

Fue guionista y actor. En la historia íntima de los que en aquella época eran compañeros de Vicente Marco, se cuenta con admiración la interpretación que hizo de Judas, el apóstol que vendió a Jesús por treinta monedas. De ellos y de los testimonios del propio Marco y de Antonio Calderón, es posible reconstruir lo sucedido.

La dictadura era intransigente con los asuntos religiosos. La religión y la dictadura se confundían y actuaban incluso con violencia. La Semana Santa era el tiempo del luto y de la Pasión en todos los órdenes de la vida española, y la radio así lo reflejaba cada año. Calderón escribió una historia que se apartaba de lo acostumbrado con los personajes bíblicos obligados, pero a los que era posible encontrar matices infrecuentes, estaban humanizados. A Miguel Martín Marcos, de voz dulce, le asignó el papel de Jesús. A Juana Ginzo, el de María Magdalena. Judas fue Vicente, aunque se resistió.

Marco: Soy incapaz de hacer ese papel, soy incapaz de hacer de malo.

Calderón: Está usted equivocado. Lo hará muy bien.

Marco: No podré aportar al personaje toda la maldad que requiere.

Calderón: Usted puede ser un estupendo Judas porque era un hombre muy inteligente, muy reflexivo, con una gran intensidad en todo lo que decía y hacía. Necesitará concentración, pero no será necesario hacer tremendismo. Olvídese de los malos Judas del cine antiguo.

Un Jesús dubitativo, un Judas defraudado, rebelde e intenso, y una Magdalena enamorada del nazareno. Fue un éxito del actor Vicente Marco, que le insufló tanta maldad subterránea al personaje que tuvo que soportar los insultos de las buenas gentes que se citaban en la puerta de la emisora para ver salir a los actores y pedir fotografías y autógrafos de sus ídolos. «¡Malo, traidor, Judas!», le señalaban y gritaban, confundiendo a la persona con el personaje que interpretó. Andando el tiempo, a la hora de poner en antena *Carrusel Deportivo*, fue el propio Calderón el que pensó en la voz clara y segura de Marco para presentarlo y dirigirlo, y eso hizo durante tantos años convertido en un locutor y periodista deportivo extraordinario.

En 1946 y procedente asimismo del concurso *Tu carrera es la radio*, llegó Juana Ginzo, de izquierdas y feminista, cuando serlo era una heroicidad. Su padre, Manuel Ginzo Corbera, era impresor y, precisamente en esos días, cumplía condena de destierro, una segunda condena. Sindicalista de UGT, sección de Impresores, trabajó en los periódicos *El Sol* y *La Voz*. Había formado parte como inspector de los llamados Comités Paritarios o Jurados Mixtos de Prensa y fue miembro de la junta de administración de un hospital de sangre de Madrid en la Guerra Civil. Fue detenido y permaneció en paradero desconocido un tiempo. Se sabe que pasó por las prisiones de Conde de Toreno y de Yeserías, y que, juzgado en Consejo de Guerra en abril de 1940, eludió la pena de muerte, pero fue internado en un campo de concentración. Tras la prisión fue desterrado y expulsado de Madrid. Se asentó con su mujer, Carmen Gómez, cigarrera, en Valencia, donde recuperó su oficio de impresor en el periódico *Levante*.

Lo que Antonio Calderón no supo —quizás lo intuyó— es que Juana había pertenecido a las Juventudes Socialistas Unificadas (JSU) y que con esa organización, siendo una muchacha, realizó labores sobre todo de propaganda en un Madrid cañoneado a diario. Y, por supuesto, nunca supo —quizás lo intuyó— que mantuvo a lo largo de su vida una colaboración activa con grupos y partidos antifranquistas. Pero sí tomó partido a su favor cuando Ginzo vivió momentos de desaliento, porque el grueso del trabajo del Cuadro de Actores consistía en seriales que difundían mensajes conservadores, retrógrados, de escasa calidad, que no encajaban con sus ideas. Los seriales de Sautier Casaseca, por ejemplo, que tanta popularidad les daba por otra parte. Calderón lo explicó así:

> *Quizás ella no supo que yo consentía en que trabajara en el cine, en el doblaje [...] y que pasé por alto que se inventó alguna enfermedad para no participar en aquellas cosas [...]. Porque no quería que se fuera [...]. Pero yo sabía que ella tenía razón porque valía mucho más que los papeles que estaba haciendo. Y no por culpa mía. No quería que se fuera.*

En justa correspondencia, Juana Ginzo fue quizás la más calderoniana de sus intérpretes, la que defendió con más ahínco la obra de Calderón, aun cuando ambos ya habían abandonado la profesión. Las citas y referencias al maestro son una avalancha de reconocimientos expresados en entrevistas, artículos y libros de los que fue autora. El profesor Ángel Faus recogió en su indispensable obra *La radio en España* un juicio más que profesional expresado por Calderón sobre la actriz.

> *Es una de las voces más eficaces y brillantes en la radio por la constancia con que ha afrontado todo tipo de papeles, algunos muy desagradables y que nada tenían que ver con la propia personalidad de una persona como ella, pero que hizo no solamente con seguridad, sino con enorme brillantez.*

La roja Juana Ginzo, que fue en opinión del historiador Armand Balsebre, en su *Historia de la radio en España*, la actriz más completa del cuadro escénico que dirigían Calderón y Sautier, se encontró con el locutor Luis Medina en los pasillos de la radio, en aquel limbo donde le ubicaron tras haber escapado de la muerte y su salida de la cárcel. El que fue magnífico *speaker* ya no participaba del trabajo creativo que le había hecho célebre, pero era reconfortante para ella charlar sobre libros, cine y, por supuesto, radio con una persona culta y asequible.

Y, en fin, rojo era Joaquín Portillo, Top, socialista que formó pareja con Luis Sánchez Polack, Tip, que era de derechas, muy de derechas, pero se quisieron mucho y formaron una pareja humorística que hizo historia: Tip y Top. Y rojo fue Manolo Rodríguez, que ocupó destacados puestos administrativos de la emisora. Había combatido a las órdenes de Enrique Líster y Modesto (Juan Modesto), comandantes del Quinto Regimiento fundado por el Partido Comunista y cantado en coplas guerreras que han trascendido el tiempo.

*El dieciocho de julio
en el patio de un convento
el Partido Comunista
fundó el Quinto Regimiento.*

Burló a la muerte en mil batallas, pero, hecho prisionero, fue recluido en un penal militar de donde salió con una afección en los ojos que le obligó a llevar para siempre gafas de cristales oscuros. La radio le dio trabajo en el área económica y don Antonio Calderón le encargó las finanzas del Cuadro de Actores, una de sus más queridas creaciones.

IV. Ficciones

El Cuadro de Actores

En el principio fue el guion. El guion es la radio. El guion es una provocación. En él se encuentran los ingredientes que mueven la imaginación del oyente. La tan cacareada imaginación de la radio es, verdaderamente, la de aquellos que escuchan, la de los que crean en su cerebro un paisaje, un bosque, una montaña, un dédalo de calles, un desierto, el aspecto físico de una mujer o de un hombre a partir de unos datos impresos en un texto. Un buen guion debe ser capaz de desencadenar en nuestro cerebro imágenes de aventura, de drama, sentimientos de malestar y de felicidad, fantasías de mundos maravillosos y de lugares infernales. La bondad de un personaje, la maldad. La verdad y la mentira en el caso de la información y la propaganda, puesto que la radio ha sido una poderosa arma en ese sentido.

Hacer realidad la ficción fue el propósito de Calderón. Crear otra realidad, una realidad inventada, ya que a la radio le estaba prohibido contar lo que verdaderamente ocurría, era un camino que se propuso explorar. Ficción fue el concepto del que partió para crear toda una teoría radiofónica que alumbró la vía por la que discurrió el medio hasta nuestros días. Además, andando el tiempo descubrió que la palabra en plural, *ficciones*, le remitía a su admirado Jorge Luis Borges y se alegró de una coincidencia tan temprana. A partir de ahí comenzó una labor desenfrenada, un asombroso y abrumador empeño por poner en pie sus ideas que le permitió acaparar y dirigir toda el área creativa de la emisora y, por supuesto, hacerse cargo de la producción dramática, que iba a ser una de las señas de identidad de la empresa Radio Madrid, emisora central de la SER (Sociedad Española de Radiodifusión). Un auténtico genio creador. Así lo reconocen hasta sus enemigos, que los tuvo.

Para poner en pie sus planes, para elaborar programas de radio que reflejaran sus propósitos, se rodeó de un grupo de actores y técnicos que fue el núcleo fundacional de lo que se llamó con orgullo y precisión el gran Cuadro de Actores, un colectivo legendario. Sus componentes fueron leyenda, ciertamente. Su popularidad rivalizó con las grandes estrellas del cine, con los ídolos deportivos y de la canción, hasta superarlos. Pero su origen es incierto y es una simpleza tratar de encontrar una fecha concreta. Es posible encontrar radioteatros, rudimentarios si se quiere, desde el mismo momento del nacimiento del medio: adaptaciones de obras clásicas, incluso con ilustraciones musicales, escenas dramatizadas o monólogos a cargo de los primeros y destacados locutores, muchos de ellos procedentes del teatro.

Tras la guerra y la independencia de los invasores de Radio Nacional, Calderón retomó la tarea para, al mismo tiempo que los dramáticos se apoderaban de buena parte de la antena, extraer de ellos su personal tesis: la radio como medio de expresión. Y así, sin ese nombre aún, el Cuadro de Actores estaba funcionando antes de la fecha oficial de su creación. Fue un camino lento y con dificultades. Don Antonio no tiene inconveniente en considerarse su creador.

*Fue una cosa muy lenta. Y cuando llegó el momento, yo tenía
ya ese Cuadro de Actores funcionando fuera de la ley. Y yo me decía:
llegará el momento en que tendrán que reconocerlo y aceptarlo, y
aproveché el momento cuando llegó.*

Con una rotundidad admirable, rechazó las afirmaciones que
situaban la creación del cuadro en los espacios dramatizados que
incluía el programa *Fin de Semana* de Bobby Deglané en 1942.
Dijo con firmeza: «¡Mentira!». Y así quedó grabado. Añadió que
para esa fecha ya estaba formado. Desmintió también la intervención de Manuel Aznar en un supuesto encargo para formar
un grupo con destino a los espacios de Deglané.

*… [La constitución formal del Cuadro de Actores] no tuvo más
que enemigos y el enemigo número uno fue Aznar, claro.*

El empuje de Calderón barrió otros intentos como el de
Manolo Bermúdez, quien, por el contrario, junto a Eduardo
Ruiz de Velasco hijo, encontró un ámbito de acción en los
espacios dramáticos propiciados por Robert Kieve. En esos
años tan tempranos, en Radio Madrid se encontraban, entre
otros actores y actrices, Teófilo Martínez, Víctor Seijo, Maribel
Alonso, Joaquín Portillo, Jacinta Alenza, el mismo Bermúdez y
Carmen Arenas o Carmita Arenas, porque era costumbre llamar
a las intérpretes por su diminutivo en correspondencia con la
consideración diminuta y paternalista que aquella sociedad tenía
para con las mujeres. Cuando Kieve pone en antena su famoso
concurso *Tu carrera es la radio*, año 1946, Calderón ya tiene un
cuadro formado y bien formado, pero la experiencia le sirve

para encontrar nuevas voces, muchas de las cuales aportaron con el tiempo un prestigio añadido al ya consolidado grupo. Surgen los nombres de Juana Ginzo, Javier Dastis, Pedro Pablo Ayuso, Joaquín Peláez, Maribel Sánchez, Julio Varela, Vicente Marco, Chelo Azcárate y Pilar Gurich. Entre los guionistas descubiertos, además de Marco, es necesario citar al rey del serial lacrimógeno Guillermo Sautier Casaseca, que, junto a Luisa Alberca y Rafael Barón, llenó toda una extensa época de ese tipo de productos, poco sutiles y de escasa calidad pero tremendamente populares y bien avenidos con la moral y las costumbres impuestas por la ideología dominante.

Es la importancia de todos esos nombres la que ha prestado relieve y prestigio al concurso promocionado por Kieve, puesto que *Tu carrera es la radio* es una más entre las numerosas operaciones que se llevaron a cabo para encontrar nuevos valores. Sin ir más lejos, Manuel Rodríguez Cano, ingeniero y luego jefe de programas, fue el autor de una de ellas con anterioridad. Pero a Calderón le sirvió para incorporar aquellas voces que encajaban con sus planes y terminar de configurar lo que ya se puede llamar Gran Compañía de Actores de Radio Madrid. Fue decisivo. El testimonio de Carmen Arenas, en aquel momento actriz predilecta y persona de confianza, es definitivo.

Las pruebas se realizaban en un estudio donde los aspirantes leían e interpretaban diversos textos, solos o acompañados de actores de la emisora que, además, intervenían con su opinión sobre la actuación de los candidatos.

Participábamos todos. La opinión que más pesaba era la de Robert Kieve. Pero quien realmente decidía era Antonio Calderón.

Es decir, Calderón incorporaba al Cuadro, «su Cuadro», a los actores y actrices que rescataba del concurso *Tu carrera es la radio* y a los que alejaba inmediatamente del concepto que consideraba absolutamente mecanicista de la fórmula del americano. Pura mecánica, decía. Le chocaban aquellos largos y agotadores ensayos que duraban horas para encajar una sola frase, sin contenido, sin creatividad. Le interesaban las voces que escuchaba y que sus dueños supieran leer, lo que consideraba asunto difícil. Lo demás corría de su cuenta.

Pero es verdad que se trataba de una compañía sin legalizar, como decía su director, y también que Bobby Deglané está en la anécdota que dio pie a su constitución definitiva. Era un grupo de gente que ni siquiera tenía contrato. Personas que iban y venían, que cobraban por convocatoria, sin ningún documento o fórmula laboral que les ligara a la empresa. Eso creaba en Calderón una inseguridad real y propuso establecer una relación contractual. ¿Un contrato, con derechos laborales, trabajo asegurado durante el tiempo establecido, incluso con vacaciones pagadas? Una locura, pensaron en los despachos de los directivos.

Era ya 1947, otro año de acontecimientos notables. Aquel año, como algunos anteriores y, desde luego, los que siguieron, se celebró el festival que tenía como escenario la plaza de toros de Las Ventas e incluía, naturalmente, una becerrada. Constituían todo un acontecimiento: seguidos por la expectación y la curiosidad del público, los actores y locutores desfilaban bien acicalados a bordo de carrozas engalanadas hasta la plaza, que se llenaba completamente, tal era la popularidad del acontecimiento y de sus protagonistas. La recaudación iba destinada a alguna causa social: juguetes para niños pobres, a beneficio de hospitales y residencias, etc. Manifestaciones sensibleras que han llenado tradicionalmente las programaciones de las emisoras importantes. Radio caridad que tanto odió Calderón.

Aquello me parecía rutinario y vulgar, demasiado parecido a las señoras ricas que daban mantas a los pobres. Eso lo he odiado toda mi vida. La caridad me ha puesto enfermo siempre. He creído en la justicia, no en la caridad.

Bobby fue un campeón de ese tipo de programas, como ocurrió en aquella ocasión. Uno de los actos programados consistía en que Calderón haría una entrevista al desgraciado becerro que iba a ser toreado por los más famosos locutores del momento y Manolo Bermúdez haría de traductor de las supuestas contestaciones del torete. Esteban Cabadas, formidable ejemplar forzudo, puesto que además de técnico era luchador profesional, se encargaría de sujetar al animal para que nadie resultara perjudicado. Pero el becerro no se atuvo a razones y se desprendió de sus interlocutores, que salieron corriendo hacia el burladero y el entrevistador se quedó solo frente a él, inmóvil como un don Tancredo esperando la embestida. Tuvo suerte porque le empitonó de mala manera, lo encunó, lo cogió entre las astas, lo lanzó por los aires y al caer lo pisó. Fue entonces cuando Calderón lanzó al aire una exclamación que, recogida por los micrófonos, adornó una de las historietas que los antiguos se cuentan entre ellos con regocijo y nostalgia: «¡Coño, que me quiten este toro de encima!».

El mismo Calderón lo contaba divertido enseñando un dedo chafado por las pezuñas del toro, que no era tal, sino un novillo pequeño y de poca cornamenta. Como siempre, el festival resultó ser un éxito por el arrollador poder de convocatoria de los componentes del Cuadro. Así es que cuando propuso la cuestión de los contratos y tacharon la operación de locura, hizo una defensa de sus actores y actrices. La imagen de la radio era la que ellos proyectaban y, sin embargo, eran los únicos que no contaban con una reglamentación que reconociera sus derechos laborales, los que la empresa les estaba negando ahora. No existían legalmente. E hizo el comentario que todos recuerdan.

Muy bien. Entonces para el próximo festival, anunciaremos que van a torear ustedes y que el paseíllo lo hará el presidente de la compañía. Y esperemos que se llene la plaza otra vez.

Un chantaje, decía. En los despachos se convencieron porque les persuadió de la bondad de la idea y su utilidad empresarial, y él, por su parte, coronó la obra. Necesitaba una estructura con derechos y deberes que terminara con la irregularidad, con las idas y venidas de los actores, que estableciera una disciplina y, en contrapartida, unos emolumentos de acuerdo con los merecimientos de aquel grupo excepcional. Ese fue el momento en que Calderón sitúa oficialmente el nacimiento legal del Cuadro de Actores que dirigía desde años antes y con el que convivía «como pareja de hecho», según su propia expresión. Inició entonces una profunda labor de selección de las voces que necesitaba, contando además con las incorporaciones que necesitó de los que procedían de *Tu carrera es la radio*.

La joya de la corona fue un espacio tan prestigioso como el Cuadro que le dio vida y, como aquel, se consolidó el mismo año

1947: *El teatro del aire*. Considerado como el buque insignia de los dramáticos de calidad, su historia corre paralela a la formación de la compañía de actores y sus orígenes deben situarse en los primeros años cuarenta, aunque se designara con otros nombres. Calderón cree que en algún momento se anunció como *Teatro en la radio* o con un título parecido, y su definitivo asentamiento en la programación coincidió con el abandono de la retransmisión de las obras que se representaban en los teatros de Madrid y la creciente importancia de aquel grupo excepcional de intérpretes que actuaba bajo su dirección.

El teatro del aire se convirtió en una cita obligada y culta en la noche de los domingos y se abordaron adaptaciones de obras clásicas de todos los tiempos (aquí se cita a Eurípides y *Las troyanas,* en versión del mismísimo Aznar), incluso más cercanas en el tiempo, y aparecieron nombres relevantes de la literatura universal convenientemente adaptadas al lenguaje que la radio exigía: Lope, Calderón, Shakespeare, Ibsen, Benavente, Pirandello, Zorrilla, Wilde, Jardiel, Arniches, los Quintero, etc. A veces colaboraron directores de reconocida trayectoria puramente teatral, como José Tamayo y Juan Guerrero Zamora, e intérpretes del cine y los escenarios, como Aurora Bautista, Francisco Rabal, Rafael Rivelles o Manuel Dicenta. Ante ellos, los actores y actrices del Cuadro se reafirmaron en su propia valía y en el peculiar dominio de su profesión, su forma de interpretar leyendo, tan distinta de la de aquellos que se basaban en la memorización de los textos. Leer bien, interpretar bien leyendo, transmitir emociones y sentimientos solo con la voz, sin más apoyatura, sin la ayuda de las manos, la mirada, todo el cuerpo, la expresión corporal en suma, tan cara en el teatro y la pantalla, era cuestión difícil. Ya lo dijo

Calderón al defender a los suyos. Entre los que vivieron aquellos acontecimientos, se contaban las dificultades que debían superar extraordinarios actores para adaptarse a aquel sistema de trabajo. Se citaban nombres de figuras relevantes como la popular y célebre actriz contratada para interpretar una *Juana de Arco* escrita por Calderón, quien, en un golpe de genio tan suyo, redujo su papel a lo mínimo indispensable a pesar de ser protagonista y dio relevancia al resto de los personajes. Y fue un trabajo memorable.

El teatro del aire extendió su emisión hasta el año 1973, cuando los dramáticos declinaban sin remedio y se abría paso otro fenómeno radiofónico imparable, los informativos, que estaban librando, en el ocaso del franquismo, una batalla descomunal por el derecho a la información en la que, naturalmente, estaba implicado Antonio Calderón.

Medio de expresión

El 26 de abril de 1937, bombarderos y cazas de la Legión Cóndor alemana y la Aviación Legionaria italiana al servicio del bando sublevado contra la República española bombardearon e incendiaron la ciudad de Guernica y ametrallaron a la población civil que intentaba huir de la masacre. Poco después, lejos de allí, en Nueva York, Norman Corwin escribió un guion sobre estos acontecimientos y entre sus intérpretes se encontraba Orson Welles.

Los días 6 y 9 de agosto de 1945, Estados Unidos lanzó por orden del presidente Truman sendas bombas atómicas sobre Hiroshima y Nagasaki. Murieron casi 250 000 personas. Japón anunciaba su rendición y se daba por finalizada la Segunda Guerra Mundial. Pocos días después, Norman Corwin lo reflejó en un guion, *14 de agosto,* para cuya emisión volvió a contar con Orson Welles. La voz grave y poderosa de Welles ocupó todo el espacio, su tono vibrante llenó de emoción las palabras escritas por Corwin, puesto que la estructura del guion giraba alrededor de un narrador y la intervención ocasional de otros actores y actrices con frases breves en momentos oportunos. Coincidencias: a este lado del océano, en una emisora de Madrid, Antonio Calderón utilizó más de una vez ese andamiaje radiofónico con el que construyó obras memorables.

El caso es que la radio, incluso cuando se trató de espacios dramatizados, demostraba que es un medio informativo por naturaleza. También un arma de guerra. Y de propaganda, si era necesario.

Lo más probable es que Antonio Calderón no supo de la existencia de Corwin hasta la llegada a Madrid de Robert Steiner Kieve. Por el contrario, conocía y estimaba profesionalmente la obra de Welles, que no solo era el célebre autor de la película de 1941 *Ciudadano Kane,* aún hoy considerada como uno de los más grandes filmes de la historia, rodada cuando tenía veintiséis años de edad, sino que en 1938, con veintitrés años, había removido el panorama de la radio con la emisión de *La guerra de los mundos,* de la que, desde entonces, se han hecho multitud de versiones en emisoras y estudios de grabación de todo el planeta, y su peripecia ha sido contada en libros, periódicos, revistas, radio, vídeo, televisión y cine, tal es su trascendencia. Aquel espacio, ficción dramática con estructura informativa, como se verá más adelante, fue considerado por Calderón como magnífica piedra de toque para extraer algunas decisivas conclusiones sobre el medio. Propuso un apasionante diálogo entre *La guerra de los mundos* y su fundamental *Pasos* para demostrar algunas de las claves de su pensamiento sobre el guion, el lenguaje y la capacidad expresiva de la radio, aportaciones personales a la teoría y práctica del medio.

Antonio Calderón vio con claridad que la radio, cuando por exigencias de su entorno, por falta de rigor o por mimetismo con otros medios, «se expresa en un lenguaje que no es el suyo, queda reducida a su condición primaria de medio de comunicación». Medio de comunicación social por su aceptación y adaptación a los cambios sociales, medio de comunicación de masas por la extensión de su audiencia y, en una evidente relación, por la extensión de sus contenidos. La radio ha mutado con las mutaciones de la sociedad, se ha adaptado como ningún otro medio y su lenguaje, condicionado por las características de los mensajes, ha sido el vehículo con el que se ha expresado incluso en sorprendentes ocasiones. Cualquier fórmula de comunicación ha encontrado históricamente su lugar en las programaciones: el teatro, el cine, el periodismo, la literatura, las actuaciones musicales de todo tipo, las variedades, el cabaré y todas las manifestaciones del humor. Incluso en la etapa de enorme desarrollo y aceptación como medio de entretenimiento, se dieron ocurrencias tan absurdamente antirradiofónicas como el montaje de un *ballet* o la intervención de artistas de circo, ilusionistas y ventrílocuos. Y todo cara al público, que quedaba reducido al coro de la función, el que reía, asentía y aplaudía a una señal del regidor.

Un ejemplo de la época, el comienzo de los años 50: en el pequeño escenario del estudio cara al público de Radio Madrid, se oyó durante tiempo una alegre sintonía y un señor con bigote, ojos saltones y dueño de un rostro capaz de apoyar sus parlamentos con mil muecas saltaba al estrado y cantaba la melodía que se hizo muy popular.

Yo soy el Zorro, Zorrito para mayores y pequeñitos. Yo soy el Zorro, señores, y de mil amores voy a empezar.

Y remataba la cancioncilla con unos silbidos alegres y estimulantes. Era Pepe Iglesias, el Zorro, que a continuación se dedicaba a contar una serie de historias con un buen número de voces que salían de su garganta —más de doscientas, dijo alguna vez—. Iglesias era todo un espectáculo que hacía las delicias del público presente, que, naturalmente, era una minúscula representación de la audiencia total. A los que oían aquellos programas en sus casas les daba igual que fuera un solo intérprete o doscientos los que estaban actuando ante el micrófono, ya que no veían al humorista de acento argentino. Efectivamente, era de Argentina, de la estirpe de los reconocidos cómicos de ese país que ocupó durante décadas el teatro, el cine y también la radio hasta la llegada de la televisión, hacia donde se desplazó ese tipo de humor.

La sociedad registra cambios y la sociedad de consumo impone sus reglas. La radio vende productos a una audiencia, cuanto mayor, mejor. ¿O sería más apropiado decir que la audiencia es el producto que venden las emisoras de radio a sus anunciantes, cuanto mayor y más satisfecha, mejor? ¿Más satisfecha es lo mismo que con mayor nivel de vida y con su capacidad crítica atenuada? Hasta días muy recientes, esa ha sido una acusación permanente: un medio que se dirige a una masa acrítica y vulgar.

Pero, en general, la audiencia y la credibilidad siempre han estado de parte de la radio, no así la injusta y frecuente consideración procedente del mundo de la cultura, de los intelectuales que, sin embargo, la utilizan como medio de propaganda y promoción. Eso ocurría en aquellos años.

Sin embargo, los creadores, muchas veces ninguneados equivocadamente porque se les considera al margen de la competencia y la obtención de beneficios, encuentran resquicios para sus creaciones. Son los que desde el principio venían manteniendo una lucha por la expresión, por despertar en el oyente a través de sus sentidos la capacidad de pensar, de avivar su sensibilidad, de brindarle datos suficientes para ejercitar su imaginación. Ningún medio como la radio ofrece esa posibilidad. Y en eso consiste el arte radiofónico. Los programas dramatizados permiten esa posibilidad.

Pero al hacer estas reflexiones, don Antonio avisa de un asunto que en este punto es capital. Los llamados seriales, es decir, las radionovelas emitidas por capítulos, que en un principio fueron un reducto de la radio creación, de la radio imaginación, están contaminados por la vulgarización y la falta de profundidad requerida para ser considerados arte radiofónico. Obtienen, eso sí, grandes audiencias porque están ideados para ser consumidos masivamente, pero su lenguaje es una degeneración del lenguaje radiofónico. Calderón no cita nombres cuando escribe sobre esta cuestión, pero en conversaciones y entrevistas orales salen a relucir los seriales de Guillermo Sautier Casaseca y otros como él que obtuvieron enorme popularidad y audiencias extraordinarias hasta que la degeneración formal e ideológica los convirtió en caricaturas de sí mismos destapando su inutilidad, incluso su inutilidad comercial. Y lamentó que una obra tan personal y admirable como el Cuadro de Actores, que se había convertido en una considerable fuente de ingresos, apuntalara con su calidad interpretativa tanta farfolla. La sociedad cambia y, con ella, el nivel de vida y los intereses de los individuos y sus aspiraciones culturales de todo tipo, así que los seriales se fueron muriendo de forma vergonzosa. Los últimos ejemplos fueron penosos y lo han demostrado los estudiosos de la materia.

«El guion radiofónico es el resultado de la lucha por la expresión», afirmó Calderón. El guion contiene los elementos necesarios para configurar un lenguaje propio de la radio, exclusivo de la radio. Palabras, sonidos, músicas. También silencios. El lenguaje radiofónico lleva a la expresión. El guion conduce a la expresión. «El guion radiofónico es la radio», afirmó con rotundidad. Y se detuvo en dos ejemplos conocidos, uno propio y otro ajeno.

Cuando Orson Welles pone en antena su versión de *La guerra de los mundos,* un relato de ciencia ficción que narra una supuesta invasión de la Tierra por naves marcianas, utilizó un lenguaje informativo que ya era característico del medio. El guion era una dramatización, pero la técnica informativa confundió a una porción significativa de la audiencia, que se echó a la calle impulsada por el pánico hasta descubrir que los alienígenas no estaban invadiendo nuestro planeta. Era una ficción, pero la técnica empleada solo podía darse en la radio «demostrando que la información radiofónica contaba con un lenguaje propio como medio de expresión».

Cuando Percy Brown, seudónimo de Antonio Calderón, emite su guion *Pasos*, se propone construir una narración en la que el discurrir del relato viene marcado por una serie de efectos sonoros que se desarrollan en torno a un efecto dominante y protagonista, los pasos de un hombre que es mudo. A penas hay palabras, todo es acción, y las imágenes que surgen y se hacen realidad en la mente del receptor, del oyente, son sugeridas por el sonido de los pasos de un hombre que no habla. También aquí, como el ejemplo anterior, tan distinto, se demostró que el lenguaje radiofónico poseía unas características propias «que le conferían facultades diferenciales como medio de expresión». Y eso vale para *Pasos*, para *La guerra de los mundos*, para un serial deleznable y para la retransmisión de un partido de fútbol.

Es imposible conocer la razón última por la que escogió a Orson Welles y su famosa emisión para sustentar su teoría y práctica de la «radio medio de expresión». Lo que importa es que estudió la obra de un creador portentoso como él mismo, descubriendo aspectos que eran compartidos por ambos, tan lejos el uno del otro. Es necesario introducir al personaje, puesto que ofrece datos que ayudan a comprender lo que ocurría a este lado del Atlántico en tiempos tan azarosos.

Calderón y Welles

Ocurrió un año antes del comienzo de la Segunda Guerra Mundial. El temor a una nueva catástrofe bélica se extendía por el mundo, que aún no se había sacudido los devastadores efectos de la Gran Depresión. En Estados Unidos, origen del desastre, la ruina alcanzó durante años a millones de personas abocadas al paro, la miseria y el hambre. Era 1938 y aún perduraba en el ambiente una sensación de inseguridad y temor, puesto que las consecuencias de la crisis estaban muy presentes en los ciudadanos que las habían sufrido y en los que aún las padecían, y el futuro anunciaba la inmediata conflagración. Un escenario idóneo para una historia de terror. La radio se ocupó de eso.

En la noche del 30 de octubre de ese año, en la sede de la CBS en Nueva York reinaba la calma. Norman Corwin ensayaba uno de sus poéticos radiodramas (se le conocía como «el poeta de la radio») y, justo un piso más abajo, Orson Welles preparaba una emisión en directo al frente de su compañía Mercury Theatre on the Air. Se trataba de una adaptación de la obra de H. G. Wells *La guerra de los mundos*, donde se relata la imposible pero terrorífica invasión de la Tierra por naves extraterrestres procedentes de Marte. Ninguno de los dos esperaba lo que estaba a punto de ocurrir. Se enteraron cuando todo había pasado.

Era víspera de Halloween. A las ocho de la noche, comenzó la emisión. Orson Welles, a través de John Houseman, también productor de la compañía, había encargado al guionista Howard Koch la adaptación de la obra literaria de ciencia ficción con una indicación muy precisa: la estructura del programa debía basarse en boletines y noticiarios emitidos en una emisora de radio. Ese pie forzado complicó la escritura del guion. Koch escribió varias versiones que eran rectificadas y corregidas por Welles hasta conseguir el texto definitivo. Pero esa dificultad resultó ser el toque genial de un genio de la radio.

Al introducir elementos informativos en un guion dramático, en una historia de ficción, provocó en la imaginación de muchos oyentes la certeza de que la invención era realidad. Y se desató el pánico. No hay unanimidad, pero, según sean las fuentes consultadas, se viene apuntando desde entonces que el programa de la CBS obtuvo esa noche entre seis y nueve millones de oyentes, ya que la programación de la cadena cubría todo el inmenso país que cuenta, además, con varios husos horarios. Y no menos de un millón doscientos mil —posiblemente muchos más— se vieron impelidos a echarse a la calle, incluso a intentar una huida en coche hacia no se sabe dónde, presas del miedo a la invasión. Y los invasores, si seguimos las vagas impresiones de los afectados, podrían ser alienígenas, nazis, un enemigo intangible o simplemente el miedo que tenían instalado en el cerebro después de tanta incertidumbre dominando sus propias vidas.

La radio, «con un lenguaje que le es propio», como diría Calderón, les proporcionó datos suficientes para poner en marcha su imaginación. El desarrollo de la emisión es historia, como lo es el hecho de que Orson Welles fue contratado por la RKO en Hollywood para rodar su primera película, *Ciudadano Kane*, arrastrando consigo a los grandes actores del Mercury Theatre: Joseph Cotten, Agnes Moorehead o Everett Sloane, entre otros, que se convirtieron en destacados intérpretes del cine de Estados Unidos. En realidad, todos los de aquella noche hicieron carrera en el cine. Howard Koch también fue llamado a Hollywood como guionista y suyo es el guion de *Casablanca*; John Houseman se convirtió en productor de películas tras separarse no muy amistosamente de Orson Welles, y este escribió, interpretó y dirigió algunos de los filmes más grandes de la historia: *Ciudadano Kane, Sed de mal, Campanadas a medianoche* y otros. Pero fue una carrera difícil en la que no fue feliz. Lo fue en la radio, dijo más de una vez.

Incluso el afamado escritor radiofónico que se encontraba en el piso de arriba, Corwin, escribió guiones para el cine y su nombre, por ejemplo, aparece en los títulos de crédito de *El loco del pelo rojo*, película dirigida por Vincente Minelli e interpretada por Kirk Douglas en el papel de Van Gogh y Anthony Quinn en el de Gauguin. Pero aquella noche, víspera de Halloween, se encontraba ensayando uno de sus próximos programas y no se enteró de lo que ocurría hasta que le llegó el alboroto que se estaba produciendo. Tampoco Welles supo lo que sucedía en la emisora y en el país hasta que, una vez terminada la emisión, se abrió la puerta y el personal de la CBS y la policía irrumpieron en el estudio sorprendiendo a aquel grupo de actores ajenos al desmadre que habían provocado. Cosas de «la radio medio de expresión, que se manifiesta por medio de un lenguaje que le es propio y exclusivo».

Es dudoso que Calderón conectara plenamente con la forma de entender la radio de Norman Corwin. Don Antonio huía como de la peste de todo aquello que sonara a literatura y grandilocuencia, aunque fuera levemente. Lo dijo más de una vez:

> *Lo que es literatura no es radio. Las más excelsas obras literarias necesitan ser adaptadas al lenguaje radiofónico para ser emitidas.*

Nunca cedió a esa tentación propia de locutores cursis y de escritores amanerados. Y despreció —ese es el verbo exacto— aquellas adaptaciones de grandes obras de la literatura universal, a las que tan proclives han sido muchos guionistas en todas las épocas, confiando en que el lenguaje literario de aquellos grandes novelistas iba a suplir la falta de genio y sin tener en cuenta los principios que el maestro enseñó con su trabajo.

Y hay que tener confianza en las propias posibilidades si, como apunta el profesor Faus, adaptó *La guerra de los mundos* basándose en la narración de H. G. Wells, no en el guion de Orson Welles tan manoseado y reproducido a lo largo de los años sin conseguir nunca la grandeza del original, y eso a pesar de imitarlo sin mejora alguna. Incluso se hizo costumbre la utilización de actores de voz grave y potente emulando las capacidades físicas de Welles, aunque lo sobresaliente en este actor fueran sus facultades interpretativas que apoyaba, ciertamente, en su poderosa voz.

Don Antonio tampoco cayó en esa tentación e hizo su propia versión de un relato sobresaliente de la ficción científica. Tan lejos uno de otro, desaparecidos los dos y echando la vista tantos años atrás, es posible encontrar coincidencias que les acercan extraordinariamente. Para Calderón la radio está más cerca del cine que del teatro. En ambos medios, el guion y el montaje son fundamentales y también por la existencia del micrófono, que sustituye a la audiencia y es el medio por el que un actor expresa emociones con solo su voz. Para Welles la cercanía es evidente: en el cine el micrófono hace la misma función que en la radio, mientras la cámara, otra máquina que ocupa el lugar del público, registra los pensamientos de los actores. Y afirma que tanto el micrófono como la cámara hay que moverlos, escoger el lugar de emplazamiento, moverse de un lugar a otro, cambiar los ángulos.

Eso lo hizo Calderón con resultados extraordinarios. Movió el micrófono, lo colocó donde creía conveniente, siguió con él los pasos de los actores, alejó o acercó un efecto o un parlamento, acercando o alejando el micrófono y no solo sacando planos de voz en el control de sonido. Lanzó el cable del micrófono a la calle, al hueco del ascensor o de las escaleras en busca de resonancias y matices sonoros, como cuando lo instaló bajo la tapa del piano para que la voz del actor o la actriz obtuviera dimensiones brillantes, musicales.

En fin, incluso el formato clásico del guion es parecido: palabra a la derecha, acción y sonido a la izquierda. Así en el cine como en la radio.

Sobre *La guerra de los mundos* y la personalidad de Orson Welles está casi todo dicho. Pero conviene recordar que su biografía personal y artística tienen muchos puntos de contacto con España y algunos de ellos arrojan luz, aunque sea a través de opiniones muy personales, sobre lo que ocurría en nuestro país aquellos años y ratifican lo que los historiadores han escrito desde puntos de vista científicos.

Fue un muchacho precoz en sus andanzas. En 1933, con dieciocho años y tras sus primeras experiencias teatrales en Irlanda y Reino Unido, llega a nuestro país, del que conocía su arte y literatura. Visita Sevilla y se encuentra con el espectáculo sangriento de las corridas de toros, al que se aficiona hasta el punto de que, tras su muerte en Los Ángeles (California, USA) en 1985, sus cenizas fueron trasladadas por familiares hasta la finca del matador Antonio Ordóñez, situada en la localidad malagueña de Ronda. Allí se encuentran, en el fondo de un pozo seco cubiertas por un manto de albero, la arena de color ocre que cubre el ruedo de las plazas. Aunque es dudoso que ese tipo de enterramiento fuera la voluntad de Welles. De todas formas, el caso nos remite al de otros extranjeros cautivados por lo español, incluso en la etapa de la dictadura de Franco siendo ellos decididamente antifranquistas. Y volvió más de una vez en su azaroso deambular por Europa trabajando en películas de otros y buscando financiación para las propias. Aquí vivió y rodó *Campanadas a medianoche,* basada en textos de Shakespeare, producción española y suiza considerada una obra maestra en la que, junto a actores y actrices de renombre internacional como él mismo y Keith Baxter, Jeanne Moreau, John Gielgud y Walter Chiari, figuraron los españoles Fernando Rey, José Nieto, Andrés Mejuto y otros.

Sus opiniones sirven para poner de relieve la contradictoria actitud del presidente Roosevelt para con España. Welles no era comunista, pero en 1941 fue objeto de un informe del director del FBI, el obseso anticomunista Edgard Hoover, acusándole de mantener relaciones con organizaciones supuestamente de esa orientación política. Quizás por eso declaró alguna vez que se le consideraba más de izquierdas de lo que realmente era. Sí fue una persona políticamente cercana a Franklin Delano Roosevelt, con el que mantuvo largas y frecuentes veladas en la Casa Blanca, al parecer en contra de la opinión de la primera dama, no por enemistad hacia él, sino porque Eleanor Roosevelt se quejaba de que en esas ocasiones el presidente se acostaba muy tarde.

Roosevelt no ocultó su simpatía por la República Española y el rechazo que sentía por Franco. En 1945, pocos meses antes de morir, le escribió una larga carta en la que le hablaba de su visión sobre diversos aspectos de la situación en el mundo. También sobre España. Antes, en 1944, durante la última campaña electoral que le llevó a la presidencia por cuarta vez consecutiva y en la que participó Welles, en una de las conversaciones que mantuvieron en el tren con el que recorría el país de mitin en mitin, le confesó que uno de sus grandes errores, en el que pensaba mucho, fue la neutralidad en la guerra española que, como es sabido, favoreció a los golpistas ayudados en cambio por alemanes e italianos. La doctrina de no intervención resultó una desgracia para los republicanos y Estados Unidos siguió la estela de sus aliados Francia y Reino Unido y su líder, Winston Churchill, decididamente contrario al bando legal de la República.

Es un testimonio íntimo que ayuda a comprender al personaje y avala por la vía de la anécdota personal lo que los libros solventes de historia reflejan sobre el panorama de los años cuarenta en España. Y, por lo tanto, en la radio.

Efectos especiales

Antonio Calderón colocó el micrófono en lugares impensables en busca del sonido que exigía la acción, en busca de un eco, un brillo sonoro, una voz apagada o viva, un efecto, un ruido que ayudara a comprender lo que estaba narrando. Ya se ha visto cómo él mismo lo movió siguiendo el deambular por distintos espacios y superficies del personaje principal de su guion *Pasos*. Es decir, confirió a un efecto especial, los pasos de un hombre, la categoría de protagonista, alrededor del cual se producían otros efectos, recursos sonoros todos ellos que alertaban al oyente y le ponían en la pista del desarrollo de la trama.

Esta y otras realizaciones suyas han quedado marcadas como hitos de la investigación en este terreno. De 1943 es la emisión de *La fragata del diablo*, firmada una vez más con el seudónimo Percy Brown, protagonizada por Carmen Arenas, Maribel Alonso y Manolo Bermúdez, y narrada por Ferman, nombre con el que se anunciaba el locutor y actor José Fernández Manzano. Los efectos estuvieron realizados por Eduardo Ruiz de Velasco (recuerden: Pototo), un auténtico especialista. Y la historia destaca que fue asombroso el ruido de las cuadernas de madera de dos barcos, uno junto a otro, en plena operación de abordaje. Y sobre el griterío, los disparos, el chocar de los aceros y el golpetazo de los garfios lanzados desde el navío atacante sobre la borda del otro, se imponía el gemido de las costillas de los cascos, el maderamen a punto de romperse en mil astillas. Pues bien, ese efecto se consiguió con un material bien humilde: una escalera de mano. Una escalera de madera desvencijada bajo la que se colocó el micrófono y, subido a ella, Ruiz de Velasco la hizo oscilar a un lado y otro, y del roce de sus junturas desajustadas surgió el ruido deseado, el gemido de las maderas de las fragatas.

Mucho más compleja resultó la puesta en escena de la narración de la entrada de soldados franceses en Viena una noche fría y lluviosa, la noche en que murió Mozart. El suceso se ha transmitido con asombro de generación en generación de trabajadores de Radio Madrid. Calderón lo contó así para el citado libro *Mis días de radio:*

> *Mozart agoniza a los treinta y cinco años, pobre y endeudado. Las tropas francesas se encuentran en la entrada de Viena. Es cerca de medianoche. Llueve.*

Calderón quiere que los soldados avancen y que sus pasos resuenen en distintos planos bajo la lluvia. ¿Cómo hacerlo? Imaginó no solo el desplazamiento de la tropa, sino el desplazamiento del micrófono, un doble movimiento. En un alarde de genio y aplomo, cerró un pasillo, uno de los largos y sinuosos pasillos del edificio de la radio, y cubrió el piso de tierra. Sí, cubrió el piso de tierra. En un extremo del pasillo situó a un grupo de actores y él mismo, sujetando el micrófono con las manos, se colocó en el lado opuesto. A su señal, los actores comenzaron a marcar el paso sobre la arena sin moverse del sitio, pero él se deslizó lentamente hasta la mitad del corredor y se detuvo en ese punto. Ordenó a los actores que avanzaran y así lo hicieron, pisando la tierra en formación y bajo el efecto de la lluvia. El micro retrocedió más lento hasta que la tropa le dio alcance y por fin sonaron los pasos en primer plano al tiempo que se oyeron las doce campanadas de la catedral de San Esteban. Era el día 5 de diciembre de 1791 y una misa de réquiem anunciaba la muerte de Mozart.

Los efectos son recursos expresivos de primer orden y mucho más en espacios dramáticos, y Calderón fue un maestro en su utilización. Criticó cruelmente a los que hicieron uso de ellos sin sentido. El ruido, el sonido, tiene que ser considerado como la voz y el montaje musical, incluso como el silencio, un elemento esencial del lenguaje radiofónico. Su abuso es propio de novatos o de los que de esa forma tratan de disimular sus limitaciones llenando de farfolla y quincalla historias vanas.

Desde el principio de la radio, desde que un autor se dispuso a imaginar un relato cualquiera o adaptar una obra ajena haciéndola vivir con la voz de los actores y actrices necesarios, se investigó sobre los sonidos que debían acompañar a la acción. Con el avance de las técnicas narrativas, se avanzó en la creación de los efectos hasta hacerse imprescindibles y cada vez más sofisticados. Los especialistas o ruideros, como se les conocía en el argot de la profesión, fueron auténticos artistas que supieron traducir con sus cacharros y artefactos el ambiente que necesitaban los contadores de historias. A veces instrumentos tan modestos como una escalera de mano y otros como los que ellos mismos construían y de los que obtenían los sonidos que habían imaginado los guionistas.

Supongamos que en una emisora de radio se está emitiendo una adaptación de *La tempestad*, de William Shakespeare. Escuchamos desde el principio. De fondo, lejano el viento que crece de intensidad hasta situarse en primer plano. Un ruidero maniobra un artilugio consistente en un cilindro dotado de unas palas que al girar rozan una lona que cubre el aparato. El roce con la lona se asemeja al ulular del viento, que se hará más intenso conforme aumenta la intensidad del roce. Llueve y las rachas de viento, ya violentas, arrojan la lluvia contra el casco y las velas. Agua arrojada sobre distintas superficies crean esa impresión. Una lona sacudida con fuerza son las velas desarboladas. El actor/capitán llama al contramaestre. El actor/contramaestre se hace presente y recibe el encargo de que hay que maniobrar con pericia o el barco va a encallar. Sus palabras se oyen a duras penas sobre el fragor de la tormenta en el mar y se apagan bajo el chasquido de un relámpago seguido de un gran trueno. El ruidero ha utilizado una delgada lámina metálica, la ha movido con un golpe seco y el cimbreo del fino metal prolonga el sonido que retumba en otros más lejanos. O quizás el técnico ha sacudido una goma de balón inflada en cuyo interior ha colocado un buen puñado de perdigones. También son truenos. Las olas golpean el casco y la impresión se ha producido moviendo con vigor más perdigones sobre una piel tersa y estirada sobre un bastidor. El movimiento de vaivén son las olas que van, golpean, retroceden y vuelven a la carga sobre el casco de madera del barco, que gime y se queja por la violencia de los embates. Ya vimos cómo Ruiz de Velasco creó esa imagen en la mente de los oyentes subido en una escalera de mano desvencijada. O, como prefería Antonio Melero, se había situado el micrófono bajo una silla destartalada que, movida con destreza, producía el mismo efecto. Una tormenta perfecta reproducida en un estudio de grabación o emitida en directo, lo que era habitual en aquellos años. El director podía, quizás, terminar la escena bajando el sonido de primer plano a fondo y elevar la música que el montador musical tenía preparada para ese momento. Quizás alguna de las versiones que, basadas en el drama de Shakespeare, escribieron músicos como Sibelius, Tchaikovsky o Vivaldi.

Los efectos como elementos del lenguaje radiofónico de primer orden, pues sirven para contar historias. Dos medios cocos simulan los cascos de un caballo que irá al trote o al galope según la intensidad y rapidez con que se golpeen. Un disparo bien podía ser el golpe de un palo sobre una caja de cartón. También se podía colocar una tabla de madera sobre el suelo pisada por uno de sus extremos y levantando y dejando caer el contrario con fuerza. Un trozo de cartón entre las aspas de un ventilador en marcha podía ser un helicóptero o un automóvil, dependiendo de su rigidez. Un puñetazo en el mentón era un puñetazo sobre la palma de la mano. Una puñalada era un cuchillo apuñalando una patata. Y así sucesivamente. Ya hemos visto cómo Calderón imaginó los pasos de su personaje mudo sobre distintas superficies. Y con la voz hizo maravillas. Los que trabajaron en la grabación de *Los episodios nacionales* recuerdan a todo el cuadro de actores dando vueltas en torno al micrófono y sacando de sus gargantas el tenue pero estridente chillido de miles de ratas: «huic, huic, huic». Una rueda de actores y actrices en torno al micro puede reproducir una manifestación si se gritan consignas e, incluso, insultos.

¿Para qué seguir? Estamos en el terreno propio de los inventores, de los creadores de ideas y mensajes, de los constructores de historias que se apoyaban en estos recursos para escribirlas y emitirlas. Calderón fue el más grande, el que abrió camino. Y el primero que vio el peligro que llegó muy pronto.

> *Lo difícil es crear, idear y, así, una vez que el sistema fue asequible para todos [...] surgieron los inevitables listos y aprovechados [...] los que basándose solo en los recursos del lenguaje radiofónico ni creaban, ni ideaban, ni inventaban. [Los efectos] fueron utilizados hasta la estandarización. El contenido ya era lo de menos.*

Es una crítica a tantos seriales vulgares, a tantos dramáticos ramplones de historias inanes, a tantas adaptaciones de obras extraordinarias hechas sin creatividad. Una crítica seria a afamados autores que ponían en pie argumentos manidos y personajes acartonados que repetían una y otra vez, y los apuntalaban con los recursos que les proporcionaba el lenguaje radiofónico y los efectos de sonido.

Es más, la estandarización detuvo la investigación. Y la aparición de los discos de efectos terminó por arrasar el rico panorama de los sonidos, puesto que ahora resultaba muy fácil acceder a ellos sin necesidad de inventar nada. Solo había que buscar en el vinilo el corte correspondiente y hacerlo girar en el plato del tocadiscos. Y así, se buscó el mismo efecto del mismo disco para todas las ocasiones, para todas las historias, y los relojes sonaron de la misma forma, y los caballos galoparon de idéntica manera, y las puertas se abrían y se cerraban con la misma cerradura, y los automóviles tenían siempre el mismo motor. Era el paraíso de los vagos, de las emisoras que permitieron esa dejadez que era más barata y no precisaba de especialistas.

Cuando escribió tales palabras era el año 1972, los dramáticos declinaban y recursos expresivos como los efectos se hundían en el ocaso de una época que fue espectacular. Se hizo eco de la eterna discusión sobre si esa radio era o no válida, si estaba pasada, si había envejecido. Su sinceridad fue aplastante y no se regodeó en glorias pasadas, aquellas en las que muchos se refugian con frecuencia con inútil añoranza.

Bueno, pues digo que es vieja, pero en cambio es válida como antecedente y como parte integrante de un proceso, porque, al fin y al cabo, más o menos pasada o decadente eso es radio aún, entendida tópicamente.

Una enseñanza más del maestro. La información estaba ya presente en las programaciones y sustituía a lo anterior.

Como una ópera

Al principio, la música y la palabra tenían vida propia y separada. Calderón fue el primero que las mezcló con la intención de convertirlas en un solo y compacto ente radiofónico. Una unidad. Y así pudo decir:

Mi primera producción con el concepto radiofónico que yo llevaba dentro fue El río, la calavera y el barco.

Como una ópera. Y entonces, ¿qué decir de *Pasos*? La cita es textual:

> *Sí, se habla mucho de* Pasos, *pero no fue más que un ensayo, un experimento que luego convertí en una tontería al escribir un guion con una historia.*

Otra vez el desapego hacia *Pasos*. ¿Cuál era el concepto radiofónico a que hizo referencia? Una observación antes de nada: la música le acompañó siempre como una estela que dejaba tras de sí toda su obra. El ritmo, las cadencias, la intensidad, las pausas y silencios, las palabras que colocó en la boca de sus actores y actrices, los sonidos que surgían de la acción puesta en un texto y su reproducción en el estudio obedecían a un principio interiorizado desde su época de joven estudiante de música. También las formas eran musicales. Eran como la puesta en escena de un concierto. Todos los que le vieron dirigir asociaron su imagen a la de un director de orquesta: sus manos eran batuta y gobernaban la operación, los ojos de los técnicos e intérpretes tenían que estar pendientes en todo momento de sus silenciosas señales que indicaban con precisión el desarrollo de la emisión. Concentración y gestos seguros que no dejaban lugar a dudas, incluso autoritarios. En esa actitud, detenido en el tiempo, aparece en las fotografías que se conservan de cuando realizaba tal menester. Así pues, había que matizar aquella afirmación tantas veces repetida según la cual se había dedicado a la radio porque no se había podido dedicar a la música.

En su mente rondaba la idea de un producto radiofónico concebido como una obra musical. Tuvo en cuenta intentos anteriores, sobre todo el precedente de *El Loro*, de Pittaluga y

Abril, cuyo interés radiofónico estriba en que fue estrenada en los estudios de Unión Radio Madrid en el año 1933. Y también por la personalidad de sus autores muy cercanos al medio cuya programación prestaba especial atención a la música; no en vano el director de programas era el compositor Salvador Bacarisse, perteneciente al llamado Grupo de los Ocho junto a, precisamente, Gustavo Pittaluga, Ernesto y Rodolfo Halffter, Julián Bautista, Rosa García Ascot, Fernando Remacha y Juan José Mantecón. Por cierto, Bacarisse y alguno más fueron alumnos de Conrado del Campo, compositor, violinista y profesor de Armonía en el Conservatorio de Madrid, que también fue maestro de nuestro Antonio Calderón antes de dedicarse a la radio. Es fácil deducir que el Grupo de los Ocho, equivalente en la música a la literaria Generación del 27 (hasta utilizaron habitualmente como campo de acción la madrileña Residencia de Estudiantes), tuvo gran influencia en aquella Unión Radio, sociedad muy atenta a las manifestaciones culturales del momento, y sus componentes difundieron con frecuencia sus obras a través de los micrófonos de la emisora.

Eso es lo que ocurrió con *El Loro*, que era en realidad una zarzuela pensada para ser representada en un teatro, aunque se estrenara en un estudio de radio. Y no dejaba de serlo a pesar de la necesaria adaptación que sus autores hicieron con tal motivo. Fue compuesta por Pittaluga dos años antes, en 1931, cuando desde París, donde residía, regresó a Madrid tras la proclamación de la República. Aquí participó junto con otros compositores, como Federico Moreno Torroba y Pablo Sorozábal, en un movimiento que intentaba revivir la zarzuela, un género ya entonces en declive. El autor de la letra fue el escritor y crítico de arte

Manuel Abril, dramaturgo, poeta, novelista, autor de cuentos infantiles, integrante del mundo intelectual madrileño, asiduo de la célebre tertulia del Café Pombo liderada por el prolífico escritor Ramón Gómez de la Serna, que, además, era un personaje que se prodigaba en conferencias y programas emitidos a través de los micrófonos de Unión Radio. Aunque hoy sea una figura caída en el olvido, Manuel Abril fue un destacado miembro de esa generación de artistas e intelectuales y, como todos los citados, amigo de Bacarisse, con el que colaboró en la radio y cuyos cuentos infantiles, *Cuentos para niños,* se pudieron escuchar periódicamente en la sintonía de la emisora.

Ese ambiente no era extraño para el joven Calderón. Pululaba por él, se movía con naturalidad por escenarios de tertulias y manifestaciones artísticas. Conocer a muchos de aquellos personajes creó en él una impresión que gustaba exagerar cada vez que la expresaba: «Todos los músicos eran rojos». Y ponía el ejemplo del violinista Enrique Iniesta Cano, de ideología contraria a la de su hermano, el ultraderechista general Iniesta Cano. Calderón formó parte del jurado que concedió a este músico y al pianista Enrique Aroca uno de los premios anuales que Unión Radio convocaba a través de la revista *Ondas,* un claro precedente de los Premios Ondas que años más tarde creó Radio Barcelona con ese nombre cuando se reinició la edición de la revista en esa ciudad.

Probablemente, el final del Grupo de los Ocho suministró argumentos para su afirmación sobre los músicos. Si la proclamación de la Segunda República marcó su creación, la guerra y, sobre todo, la victoria de Franco supuso su destrucción y el exilio para la mayoría. Bacarisse huyó a París, donde, tras muchas dificultades, trabajó para la radio francesa; Julián Bautista se refugió en Argentina, donde se encontró con Manuel de Falla, el gran referente y maestro de músicos españoles que se negó a volver a España a pesar de los múltiples intentos del régimen franquista para que regresara; Rodolfo Halffter, Rosa García Ascot y Gustavo Pittaluga se integraron en el amplísimo grupo de transterrados españoles que en México intentaban rehacer sus vidas: el pintor y cartelista Josep Renau, los escritores Max Aub y Manuel Altolaguirre, los cineastas Luis Buñuel y Luis Alcoriza, y un largo etcétera. Pittaluga compuso la banda sonora de algunas películas de Buñuel, como *Los olvidados* y *Viridiana*, prohibida en España durante muchos años. Fernando Remacha decidió quedarse en su ciudad natal, Tudela (Navarra), tras un intento de huida a Francia. Trabajó en una ferretería de la familia y retomó poco a poco una cierta actividad musical con el paso de los años. Un exilio interior. Como el de Juan José Mantecón, que había vivido la guerra en Barcelona y ya en Madrid se incorporó en 1940 a la plantilla de Radio Madrid, la antigua Unión Radio, emisora para la que incluso había escrito en los años treinta seriales de éxito como *El rubí negro*, considerado como la primera obra de aventuras radiada por capítulos.

Pero *El Loro* era una zarzuela y Calderón pensaba en otra cosa. Estas fueron sus palabras:

> *Sí, un producto radiofónico concebido como una obra musical, como una ópera, pero con la diferencia de que la radio podía permitirse el lujo de no darle tanta importancia a la letra, que pasa a ser el pretexto, el vehículo, el cauce por el que discurre el río que es la música.*

Subordinar la palabra a la partitura o, en todo caso, hacerlas igualmente protagonistas. En una evidente asociación de ideas, escribió una historia sobre un río que sería el cauce para una música que no tenía, porque la empresa no se gastaba el dinero en esas peripecias. Así fue como utilizó la *Sinfonía del Nuevo Mundo* que Anton Dvorak había compuesto en 1893 durante una larga estancia en Estados Unidos. Por lo tanto, debía pensar en un río americano. El Orinoco, el gran río que discurre a través de Venezuela y Colombia, fue la inspiración para concebir un relato narrado por la imponente voz de Teófilo Martínez. Las aguas del río se despeñan desde su nacimiento y se calman en los valles acompañadas por la música del compositor checo. Encuentran una calavera que es testimonio de un trágico episodio de amor y guerra, y ya cerca de la desembocadura, antes de que el Orinoco se desangre en el delta por el que desemboca en el océano, sus aguas abrazan un viejo casco podrido, restos de un barco embarrancado y abandonado por aquellos que vinieron desde muy lejos con intenciones de conquista. El abrazo es el encuentro entre dos mundos y el texto y la música discurrieron como una obra esencialmente radiofónica.

Se emitió en directo porque entonces no existían las grabaciones. Es mi primera producción con el concepto radiofónico que llevaba dentro. Y fue la primera vez que se hizo la historia de un río con la cabeza de Teófilo bajo la tapa del piano.

Esto lo dijo con picardía pero con determinación, porque mucho después, como se verá más adelante, el tándem formado por Méndez Herrera y Robert Kieve ideó *La voz del río,* esta vez el Misisipi, también narrado por Teófilo Martínez bajo la tapa del piano, que más de una vez pasó por un gran hallazgo.

El río, la calavera y el barco (del año 1945 o 1946) formó parte de la exitosa serie *Viajes y narraciones* y abrió un camino explorado por Antonio Calderón en múltiples ocasiones. Una de ellas, por ejemplo, resultó ser *Concierto en la menor* (1946), de la muy recordada serie *Historias de medianoche*. Ese título nos remite al compositor y pianista noruego Edvard Grieg y a su *Concierto para piano y orquesta en la menor*. Es la historia de un amor entre un hombre, un pianista y una mujer que en otro tiempo hizo de pasadora de las hojas de la partitura en sus actuaciones. Ambos coinciden de nuevo con ocasión de un concierto que les hace evocar su antiguo y desgraciado amor, mientras suena la música que les ha unido otra vez sin posibilidad de reanudar el romance. Es pertinente la cita de este programa porque pone igualmente de relieve el único interés que mostró Calderón en el concurso de Robert Kieve, *Tu carrera es la radio*, al que solo prestó atención para rescatar las voces que le interesaban para sus propias obras. De ese concurso procedía Juana Ginzo en el papel de la pasadora o volteadora de las hojas de la partitura, el primer gran papel de la actriz con don Antonio, y Pedro Pablo Ayuso en el papel del pianista, que supuso el debut con el maestro de un actor que llegó a ser gran figura del Cuadro de Actores. Y no olvidemos la música. Al piano se sentó nada menos que Luis Galve, el extraordinario pianista aragonés de larga trayectoria internacional que interpretó la pieza de Grieg en directo, puesto que no había grabaciones. No solo los actores, Ginzo y Ayuso, también el pianista, Galve, fueron dirigidos por Calderón como lo hace un director de orquesta.

Ese era el ambiente, el escenario donde actuaba y dominaba con su genio un formidable creador. Y todo eso sucedía antes y después de la llegada de Kieve y la atención que sobre la radio puso la Embajada de Estados Unidos durante la Segunda Guerra Mundial, un hecho de cierto relieve político pero de poco provecho desde el punto de vista radiofónico.

V. Americanos

Arma de guerra

Antecedentes

El 7 de diciembre de 1941, centenares de aviones y barcos de guerra japoneses atacaron la flota del Pacífico de Estados Unidos fondeada en Pearl Harbor, en la isla de Oahu, archipiélago de Hawái. Cuando se conoció la noticia, Norman Corwin, uno de los más reconocidos creadores radiofónicos norteamericanos, viajaba en tren hacia California desde donde se iba a emitir para todo el país un programa que llevaba días preparando. Se trataba de la conmemoración de los ciento cincuenta años de la Declaración de Derechos de los Estados Unidos. Llevaría por título, precisamente, *We Hold These Truths (Mantenemos estas verdades)*, la frase que Thomas Jefferson había colocado al principio de la Declaración de Independencia. Corwin creyó que el ataque y la inminencia de la guerra suspenderían el programa, puesto que el presidente Roosevelt, que iba a intervenir en él, estaría seriamente ocupado tras la ofensiva de los ejércitos de Japón. En la primera parada del tren, puso un telegrama consultando con Washington si debía seguir con el trabajo. La respuesta le llegó en la siguiente estación: el presidente había dicho «Adelante, ahora más que nunca». Y es que los acontecimientos bélicos, la guerra, iba a impregnar el desarrollo de la emisión simultánea y en directo desde Hollywood, Nueva York y Washington.

La expectación era enorme. Corwin, en mangas de camisa, chaleco y corbata, fino bigote, cabellera ondulada y abundante, dirigía como si fuera un director de orquesta, marcando el ritmo, dando entrada con las manos a la música, a los efectos, al parlamento de los actores. Su figura se agigantaba entonces según los muy abundantes testimonios que hacen referencia a este personaje (es curiosa la coincidencia con el retrato que de Antonio Calderón, en plena faena, ha hecho la mayoría de los que trabajaron con él). El programa se emitió el día 15 y colaboraron nombres muy conocidos y prestigiosos del cine y el teatro: James Stewart, Lionel Barrymore, Walter Brennan, Edward G. Robinson, Orson Welles. Leolpold Stokowski dirigió —en directo, naturalmente— la Orquesta Filarmónica de Nueva York y el colofón lo puso el presidente Franklin Delano Roosevelt con un discurso que tuvo que ser de un patriotismo obligado, impregnado de ardor guerrero, dadas las circunstancias. La radio se implicaba en la contienda que iba a comenzar.

El día 7 de diciembre de 1941, en el momento del ataque a Pearl Harbor, Orson Welles estaba en Nueva York realizando para la CBS su *Orson Welles Show,* un programa en el que recitaba y representaba obras cortas con los actores de su compañía Mercury Theatre. Cuando llegó la noticia, Welles estaba leyendo, precisamente, poemas del libro *Hojas de hierba,* de Walt Whitman. Tuvo que interrumpir la emisión, pero no fue él quien dio la información. Con buen criterio, se pensó que existía el riesgo de que los oyentes creyeran que de nuevo les estaba engañando, como cuando realizó *La guerra de los mundos*, la ficticia invasión marciana que había provocado el pánico en la audiencia. La radio hacía gala de inmediatez a la hora de la conflagración que comenzaba.

La radio se involucró en la guerra. Se convirtió en un elemento propagandístico extraordinario. Antes de Pearl Harbor, cuando ya las armas vomitaban fuego y muerte por Europa, emisarios de Estados Unidos recorrieron el mundo en busca de información: Londres, París, Estambul, Lisboa y también Madrid. Hay referencias de una entrevista de tales enviados con Franco. Un país tan poderoso no contaba con ninguna organización que pudiera llamarse con propiedad «servicio de inteligencia». Europa se desangraba al tiempo que esperaba la entrada de la gran potencia en la contienda. Cuando lo hizo, se hizo más patente la necesidad de obtener información del enemigo y, también, del país que se consideraba como tal a pesar de combatir en el mismo bando, la Unión Soviética. Era urgente conocer lo que ocurría, no solo en el campo de batalla, sino en la retaguardia, e influir en el desarrollo de las acciones bélicas y en el ánimo de las poblaciones de los países en conflicto. Nacieron la OSS (Oficina de Servicios Estratégicos) y la OWI (Oficina de Información de Guerra). La radio estaba entre sus prioridades y operaron en España.

Un prodigio. Siempre se ha dicho que es la imaginación de los oyentes la que construye acciones, escenarios y personajes a partir de los datos que se le proporcionan. Se trata, por tanto, de espolear esa imaginación con palabras puestas en un guion, leídas por una voz que se convertirá en vibración que un electroimán provocará en un diafragma antes de convertirse en transmisión eléctrica y sonora. Ese es el pequeño milagro que ocurre en el interior de la carcasa metálica de la maravilla tecnológica que es el micrófono. Es lo que ocurría, al menos, en aquellos micrófonos de los años cuarenta, hoy pura obsolescencia. Pero, entonces y ahora, las palabras y las ideas que contienen, los sentimientos, las emociones, la verdad y la mentira viajan para que sean recogidas por gentes sin rostro que aplican el oído a un aparato de radio y que mueven el dial en busca de respuestas a las preguntas que les suscita un mundo convulso que quizás no comprenden bien. El mundo en guerra.

Así, la radio se convirtió en el arma psicológica de la Segunda Guerra Mundial. Su importancia ha sido objeto de estudios profundos, baste citar los trabajos de los profesores Javier Cervera Gil y Alejandro Pizarroso Quintero, y, antes, del profesor Ángel Faus y el propio Antonio Calderón:

> *Convertirla en un macrosistema de información y comunicación fue imperativo para los países beligerantes. Allí donde no podían llegar sus efectivos bélicos ni sus agentes secretos ni sus agitadores, llegaba la radio para debilitar la retaguardia, organizar y dirigir los grupos de resistencia, llevar el desconcierto y la duda a las conciencias… Y, sobre todo, para que en el último rincón de la Tierra donde existiera un receptor, la guerra se hiciera presente en toda su realidad traumática.*

En España se tenía experiencia sobre el papel jugado por la radio durante la Guerra Civil y ahora iba a ocurrir otro tanto, pero en mayor escala. El Gobierno estadounidense tardó muy poco en confirmar la importancia de la radio en aquella hora dramática. El día 1 de febrero de 1942, menos de dos meses después de Pearl Harbor, se puso en antena el primer programa de La Voz de América, que llegó a Europa a través de las frecuencias de la BBC que emitía desde Londres. Sus emisiones saltaron al aire desde la capital británica y también desde Gibraltar y Argel, la capital de la África francesa no identificada con el régimen filonazi de Vichy. Ambas cadenas, con sus espacios hablados en distintos idiomas, se convirtieron en vehículos de información y propaganda de referencia durante la Segunda Guerra Mundial y después, ya en silencio los cañones, sus antenas se dirigieron hacia Europa del Este y la Unión Soviética con la llamada Guerra Fría. La Voz de América dependía de un organismo que dirigió Robert Sherwood, escritor que redactaba los discursos de Roosevelt, por lo que es presumible la intervención del propio presidente en su nombramiento. Sherwood contó como colaborador con John Houseman, actor, productor y guionista del Mercury Theatre fundado por Orson Welles, con quien, por tanto, y antes de su distanciamiento, colaboró no solo en obras de teatro y películas, especialmente *Ciudadano Kane,* sino en numerosos programas de radio, entre ellos *La guerra de los mundos.* La categoría de los comprometidos en la operación era, pues, de máximo nivel, tanto como el que exigía una operación de gran envergadura.

La Voz de América estableció su sede en Nueva York bajo los auspicios de la OWI (Oficina de Información de Guerra). Sus agentes y los de la OSS se extendieron por el mundo. Y llegaron a España.

La Casa Americana

En junio de 1942, el embajador de Estados Unidos en Madrid, Carlton J. H. Hayes, escribe al general William Donovan, director de la OWI, pidiéndole ayuda para intensificar sus planes de propaganda en España. En la carta le explica su proyecto, que consiste, sobre todo, en ocupar una casa ubicada cerca de la Embajada, en el número 5 de la calle Don Ramón de la Cruz, que había pertenecido a un matrimonio norteamericano. Incluso le detalla un somero organigrama y las personas necesarias: el director, por supuesto, un jefe de prensa, un especialista en cine, redactores, impresores y demás personal. Aclara que la mayor parte se puede encontrar en Madrid, entre los españoles, con «sueldos relativamente bajos», dice el embajador. Y hace una petición — Hayes la califica de sugerencia—: quiere en Madrid a un joven que entonces estaba destinado en la sección de investigación de la OWI, Emmet Hughes.

Hughes llega a Madrid en el verano de ese mismo año y se convierte en jefe de prensa de un organismo que desarrolló su actividad en aquel lugar que en adelante se conoció como la Casa Americana. Joven brillante, católico como Hayes, había sido alumno de este en la Universidad de Columbia. Si el nombre de su cargo fue el de jefe de la sección de prensa, tal título era un eufemismo, pues se trataba de no delatar su verdadera función, ya que en España no podían operar agencias extranjeras y era necesario el camuflaje, como en cualquier operación de guerra, aunque por entonces el régimen franquista ya debía saber de qué se trataba todo aquello, porque Madrid y también Barcelona y otras ciudades eran escenario idóneo para la práctica del espionaje de todos los bandos en conflicto y, naturalmente, de la propaganda.

Carlton Hayes dice literalmente en su libro *Misión de guerra en España*, que:

*... en septiembre de 1942 firmé el arriendo de la casa [...] en
la que quedó instalada nuestra Sección de Prensa y Propaganda o
avanzadilla de la Oficina de Información de Guerra en Madrid...*

A eso se dedicó la Casa Americana. Allí se editaban revistas,
boletines, informaciones escritas que se distribuían por todo
Madrid a periódicos, a emisoras de radio, a diversos organismos,
a periodistas destacados y personalidades interesadas. Se ofrecían
recepciones, se pronunciaban conferencias, se disponía de libros
para su consulta y se proyectaban películas, no solo documentales
que informaban de la marcha de la guerra o de las condiciones
de vida de las democracias aliadas y contra el Eje nazifascista,
también era posible visionar películas de ficción, puesto que el
cine de Estados Unidos —sometido a censura, eso sí— no tenía
grandes limitaciones para su exhibición.

Las películas, como la radio, han sido tradicionalmente uti-
lizadas políticamente, y más en épocas de conflictos armados.
Desde el primer momento, el gobierno de Washington y sus
distintas agencias y departamentos influyeron en la producción
de películas. Un ejemplo clásico es el de *Casablanca,* cuyo estreno
fue patrocinado por la OWI. Y en Madrid, el 12 de febrero de
1942, Hayes ofreció una gran recepción en uno de los cines de
Madrid con la proyección de *Lo que el viento se llevó,* varios años
antes de su estreno comercial en nuestro país. A ella acudieron
no solo el ministro de Asuntos Exteriores y otros gerifaltes del
régimen, sino el mismísimo obispo de Madrid y numeroso público escogido. Y eso a pesar de que la Falange, expoliada por la
propaganda alemana, organizó manifestaciones y tumultos contra
la supuesta inmoralidad de la cinta. Tuvo que intervenir la po-

licía para contener a los alborotadores que pretendían obstruir lo que el embajador calificó como acto brillantísimo y una de sus mejores armas de propaganda. *Lo que el viento se llevó*, con los amores problemáticos de aquellos personajes interpretados por Clark Gable, Vivien Leigh, Leslie Howard y Olivia de Havilland, no solo fue paseada por distintas ciudades españolas a instancias de los Consulados de Estados Unidos, sino que una copia fue exhibida en el palacio de El Pardo para deleite del dictador.

A todo eso se dedicó Emmet Hughes, que hizo un análisis de la situación pesimista pero seguramente real. La Falange, observó, actuaba contra las actividades propagandísticas americanas, secuestrando publicaciones y mensajes. Se quejaba de que las personas que recibían el material informativo podían ser arrestadas, multadas e incluso encarceladas. Los colaboradores y mensajeros que distribuían sus comunicaciones eran perseguidos y se prohibía a periódicos y revistas publicarlas, cuando no eran censuradas y cortadas. En fin, se utilizaban triquiñuelas técnicas para ensuciar el sonido de las emisiones de radio de la BBC y La Voz de América, dificultando su audición, al tiempo que se favorecía la propaganda nazi difundida por emisoras alemanas.

Hughes fue un personaje fundamental en la puesta en marcha de la Casa Americana. En principio, su estancia en Madrid duró solo unos meses, puesto que, con motivo del desembarco de los aliados, viajó enrolado en la OSS al norte de África, donde esa organización y la OWI venían desarrollando labores de espionaje. Por cierto que, tras la invasión y controlado el territorio, pusieron en marcha una operación con refugiados españoles huidos tras la Guerra Civil, a los que formaron en escuelas creadas a tal fin, sobre todo en Argelia y Marruecos, para que, introducidos en España por las costas de Málaga, pudieran transmitir informaciones sobre la situación ante la posibilidad de que los aliados invadieran la Península en el caso de que Alemania la atravesara con el beneplácito de Franco camino del Mediterráneo. Se llamó Operación Banana y fue un fracaso. Los enviados malvivieron un tiempo sin dinero, con el material y los aparatos de radio averiados, hasta que el grupo fue desarticulado con ocasión de una importante caída de militantes comunistas, muchos de los cuales fueron fusilados. Un confidente pudo poner a la policía sobre su pista. Aunque algunos autores, como Secundino Serrano en su documentada obra *Maquis* sobre la guerrilla antifranquista, apuntan la inquietante posibilidad de que fueran los propios americanos los que propiciaron las detenciones. Lo que sí es cierto es que Estados Unidos se desentendió de los acontecimientos abandonando a la muerte y a la cárcel a sus, en realidad, propios agentes españoles. En el horizonte se vislumbraba la derrota de Hitler y Washington tenía claro que no iba a dejar caer al anticomunista Franco, a pesar de que oficialmente era un apestado. La Guerra Fría iba a comenzar.

A estos hechos se refiere Santiago Carrillo en su libro autobiográfico *Memorias*, donde afirma que la dirección del PCE era contraria a la colaboración con los norteamericanos. Había llegado a Orán procedente de México y con largas escalas en Buenos Aires y Lisboa, ciudad neutral que servía como puerta de entrada a Europa de los más variopintos personajes, incluidos aquellos que se movían disimulando sus nombres y ocupaciones, como era el caso de Carrillo. El que luego fue secretario general de los comunistas españoles se encontró con la operación en marcha y allí mismo tuvo noticias de las detenciones efectuadas en Málaga. Además, conoció a un oscuro personaje apodado el Chato, que, convertido en confidente de la policía, actuó contra la guerrilla en Andalucía.

Una vez cumplida la misión que le llevó al norte de África, Emmet Hughes regresó a Madrid, donde se venían desarrollando importantes operaciones de espionaje en las que participaba la estación local de la Oficina de Servicios Estratégicos y las agregadurías militar y naval de la Embajada americana. Más allá de los Pirineos, a los aliados les interesaba, sobre todo, la situación en Francia, ocupada por Alemania y con un gobierno filonazi en Vichy. Las fuentes de información procedían de pilotos caídos en territorio europeo y refugiados en España, a donde llegaban junto a militares y civiles que huían de la guerra. Hacia el sur, el interés se centró en obtener la confianza de la representación del Gobierno francés en Argel, no obediente al de Vichy, al que ayudaron a establecer una misión en Madrid al margen de la embajada oficial. Con la connivencia de esa delegación, se organizó no solo el traslado de cientos de personas refugiadas en España, muchas de ellas internadas en campos de concentración —franceses, polacos y de otras nacionalidades—, sino una fuerza militar que operó junto a los aliados desembarcados en el norte de África. Los barcos de transporte partieron de puertos portugueses para no comprometer la operación en España. Portugal se declaraba país neutral y su Gobierno, aunque afín a la España franquista, mantenía tradicionales buenas relaciones con el Reino Unido.

En fin, Hughes regresó a la Casa Americana en Madrid. Y allí llegó después Robert Steiner Kieve.

Llamadme Bob

Llegó a Madrid el 25 de agosto de 1943 con un bagaje radiofónico escaso.

Según manifestó para el libro citado, *Mis días de radio*, había ingresado en la Universidad de Harvard en el curso 1939-1940, pero sus estudios se resintieron pronto porque ocupaba más tiempo en la emisora de radio creada por estudiantes que en las aulas. Ya en España, en una entrevista firmada por el periodista Joaquín Soler Serrano para *El Correo Catalán* en febrero de 1946, reconoció que sabía poco de la radio española, aunque creía que tenía aún un largo camino por recorrer. Y preguntado por su propia experiencia, contestó:

No mucha porque soy joven todavía. Dirigí la emisora en mi universidad. Todas las grandes universidades tienen sus emisoras dirigidas por los propios estudiantes. Antes había estado en una emisora de Nueva Jersey, en la que estuve trabajando especialmente en los veranos. He hecho de locutor, comentarista deportivo, guionista. [...]. He leído mucho sobre la radio y ella es la gran pasión de mi vida.

En ese momento, la misión que le había traído a España languidecía por el desarrollo de los acontecimientos bélicos y políticos. Quizás estaba ya pensando en que era en la radio donde iba a desarrollar su futuro profesional. Le sobraba ambición y entusiasmo, según declaró en la citada entrevista.

... lo que yo deseo ser dentro de unos años es director de programación, que sin duda es el hombre más importante de la radio,

> *mucho más que el técnico, el locutor y cualquier otro [...] el director
> de programación es el núcleo, el alma de la emisora.*

Estuvo a punto de conseguirlo en España. En cambio, consiguió un brillante futuro en su país.

Es en 1943, después de la Universidad, cuando decide alistarse en el ejército para participar en la guerra en la que se implicó Estados Unidos tras el ataque japonés a Pearl Harbor en diciembre de 1942. Su testimonio directo nos dice que fue rechazado porque se le detectó una lesión en una de las válvulas del corazón. Testimonios indirectos hablan de una lesión en un pie. Carlos González, un técnico que trabajó estrechamente con él en la radio y en el departamento que dirigía en la Casa Americana, cree que era conocida la segunda versión sobre la posible dolencia.

> *Era simpático, muy joven, venía muy de universitario de Estados
> Unidos, con facilidad para los idiomas. [...]. Este muchacho no fue
> al frente porque tenía algo en los pies, en la piel. Tenía que llevar
> siempre calcetines, creo que de lana, y zapatos muy holgados. Eso era
> un inconveniente para un soldado, para las botas de un soldado...*

Así, la causa del rechazo pudo ser un romántico soplo en el corazón o una más vulgar afección en los pies. O quizás fue otra la naturaleza de la decisión que llevó a Robert Kieve a pedir el ingreso en la OWI y a ser reclutado y entrenado por esta organización. El interés de rescatar estos hechos de las brumas del tiempo es mínimo, aunque, a costa de añadir misterio al asunto, puede servir para exponer ciertos comportamientos y la explicación que se da de ellos. El caso es que, sabiendo que la oficina en Londres necesitaba personal que hablara alemán y, además, tuviera experiencia en radio, solicitó ese destino, ya que conocía bien el idioma porque lo aprendió de sus padres, que lo hablaban siempre. No fue así. Lo enviaron a España y no sabía ni una palabra de español.

Kieve llegó a Lisboa procedente de Nueva York, con escala en las Azores, a bordo de uno de los famosos hidroaviones Clipper, un Boeing 314, que había sido utilizado por la compañía de aviación civil Pan American en sus rutas intercontinentales. Al estallar la guerra, algunos de estos aviones —barcos voladores se les llamó y de ahí el nombre de Clipper— fueron militarizados y utilizados para transporte de hombres y de material con destino a Europa o para enviarlos de regreso a Estados Unidos siguiendo la línea aérea ya establecida. Portugal se había declarado neutral a pesar de que sus simpatías le situaban más cerca de la Alemania nazi y la Italia fascista que de los aliados. Era, por supuesto, una dictadura amiga de la otra vecina dictadura militar instaurada en España por Franco, al que el presidente portugués, Oliveira Salazar, había ayudado durante la Guerra Civil enviando tropas que combatieron al lado de los golpistas españoles. Salazar temía, sin embargo, que los planes alemanes para invadir la Península Ibérica camino del Mediterráneo hacia Gibraltar dejaran a su país bajo el dominio de Hitler. Por eso, como Franco hizo en su momento, mantuvo una política ambigua y fue fácil llegar a un acuerdo por el que Washington mantendría abierta la línea aérea de gran interés militar y político. Lisboa, pues, se convirtió en una base idónea como destino europeo en los vuelos sobre el Atlántico.

Y no solo eso. Lisboa, ciudad neutral, fue escenario de operaciones de espionaje y, además, hasta ella llegaban oleadas de fugitivos y de refugiados en busca de un pasaporte, un salvoconducto, un pasaje, una oportunidad que les llevara a cualquier lugar de América, lejos de la guerra que ponía en peligro sus vidas. Se parecía a la *Casablanca* de ficción, ciudad abierta bajo dominio de la Francia no ocupada que había retratado la película del mismo nombre rodada según un sabio guion, modelo de cine propagandístico. No existía el Bar de Rick, ni era posible encontrar a Humphrey Bogart e Ingrid Bergman, pero había lugares parecidos por donde pululaban diplomáticos, espías, agentes de toda laya, policías, informadores, traficantes de cosas y de personas. Allí se concertaban citas encubiertas, reuniones que debían quedar ocultas a los servicios de inteligencia de los otros bandos contendientes, encuentros de personas que llegaban con sigilo y desaparecían con la misma discreción. En ocasiones, un altercado, un disparo, el derrape de un automóvil o un revuelo en la entrada de una legación diplomática dejaban constancia de hechos clandestinos que pronto se desvanecían en el permanente aire de sospecha que envolvía la ciudad disfrazada de neutral.

En Lisboa, Robert S. Kieve se subió a un tren que le depositó en la estación de Atocha de Madrid el 25 de agosto de 1943. Se incorporó a la Casa Americana y su jefe fue Emmet Hughes. Se le encomendaron tareas que tenían que ver con las comunicaciones cifradas entre el centro de OWI en Nueva York y la delegación de Madrid, y, más adelante, compaginó esa ocupación con la gestión y traducción de los artículos recibidos de Estados Unidos que la Casa Americana distribuía a los periódicos y revistas españolas. Más de sesenta años después, su impresión era la de que el cargo que ocupaba «ofrecía pocas posibilidades». Pero tenía veintiún años y energía para, al mismo tiempo, estudiar a diario el nuevo idioma, y facilidad para relacionarse con gente de su edad, hacer amigos y practicar el castellano.

Al año siguiente a su llegada, Kieve planeó con su jefe y ya amigo contactar con alguna emisora de radio.

Hughes tenía amistad con el periodista y futuro embajador en Washington, don Manuel Aznar. Me presentó a Aznar y este a su vez me presentó a su hijo Manolo Aznar, que era director de programación de Radio Madrid y la cadena de la Sociedad Española de Radiodifusión. Le pregunté a Aznar si me permitía presentarle un guion para el cuadro de actores de la emisora. Sin titubear me respondió que sí y comenzó a hacerme preguntas sobre la radio en Estados Unidos y sobre libros que yo pudiera prestarle. Así comenzó una amistad que es una de las más importantes de mi vida. Pasábamos juntos muchas horas, hablando siempre de la radio.

Fue una amistad que perduró hasta la muerte de Aznar Gómez Acedo en 2001 y Kieve se emocionó al recordarlo.

La realidad tiene múltiples caras y es preciso contemplarlas en conjunto para obtener un retrato cierto de los acontecimientos. Veamos: «el amigo Manolo Aznar» tampoco tenía una gran experiencia radiofónica. Había participado en la guerra española como alférez del ejército sublevado, integrado en la III Compañía de Radiodifusión y Propaganda en los Frentes y se hizo cargo en 1942 de la dirección de programas de Radio Madrid (Cadena SER), heredera de la exitosa Unión Radio de preguerra y republicana, uno de los puestos centrales desde los que se iba a construir la más potente empresa privada de comunicación radiofónica que había conocido nuestro país. El historiador Armand Balsebre (*Historia de la radio en España*. Ed. Cátedra) no duda en señalar a Manuel Aznar Zubigaray como mediador en el nombramiento de su hijo Manuel Aznar Gómez Acedo, quien, de soldado de un Regimiento de Transmisiones, fue ascendido al empleo de «alférez honorario de Ingenieros, por el tiempo de duración de la campaña y siempre que efectúe su misión de locutor en el frente», según consta en el Boletín Oficial del Estado del 4 de octubre de 1938, editado en Burgos, la ciudad cuartel general del denominado Generalísimo de los Ejércitos Nacionales, es decir, Francisco Franco, el general levantado en armas contra el gobierno legal de la República. En la misma resolución fueron ascendidos igualmente otros soldados del ejército golpista y, entre ellos, Enrique Gil de la Vega, conocido como «Gilera», que tras la Guerra Civil, convertido en periodista deportivo, colaboró con la SER en distintos espacios. Su firma apareció además en medios escritos como *Marca* y *El Alcázar*, llegando a ser jefe de la sección de deportes del diario *ABC* en los años 60.

Aznar hijo fue, pues, locutor en el frente. En abril de 1937, el ejército franquista había creado cuatro compañías de propaganda dentro del Regimiento de Transmisiones distribuidas por distintos frentes, cuya misión era la de lanzar discursos y alocuciones con la intención de minar la voluntad de lucha de los soldados republicanos que combatían en las trincheras enemigas. Y lo hacían contando con equipos móviles, a veces montados en camiones, dotados de aparatos de megafonía y tocadiscos, y la posibilidad de conectar con emisoras de radio para transmitir noticias interesadas. Es decir, nada que se pareciera a lo que de verdad era la radio. Una tontería, según Antonio Calderón.

La radio tuvo en la guerra una importancia vital, tanto en una zona como en otra, a pesar de que en la «zona nacional» se hizo una cosa rarísima, las compañías de propaganda que consistían en unos «tíos» que iban al frente a hablar a los rojos. Eso no tuvo importancia, fue una estupidez de las muchas que se cometieron. No tenía que ver con el hecho de sacarle provecho a la radio como vehículo de propaganda.

Aquello no era radio, venía a decir.

Aznar Zubigaray, periodista y diplomático, personaje controvertido, amigo de Hughes según Kieve, resultó ser un contacto muy acertado. Navarro de origen, sus comienzos políticos le sitúan en el tradicionalismo y nacionalismo vascos, que mudó más adelante en actitudes, sinceras o no, cercanas a la República y, en un giro muy pronunciado ciertamente, en una identificación entusiasta con el franquismo del que fue esforzado propagandista. Autor, por ejemplo, de una historia de la Guerra Civil asumiendo el punto de vista de los vencedores, siempre se le consideró periodista de confianza de Franco. Su nombre, junto al del también periodista y escritor Manuel Halcón, aparece como asesor literario del guion de la película *Raza*, estrenada en 1942, cuyo argumento ideó el dictador bajo el seudónimo de Jaime de Andrade. Dirigida por José Luis Sáenz de Heredia, familiar del fundador de la Falange, e interpretada por Alfredo Mayo y Ana Mariscal, entre otros, ponía en imágenes la delirante historia de una familia gallega, como la propia familia del dictador, dividida por la guerra, con buenos y malos de rigor tópico, incluso con malos que se redimen finalmente y se convierten en buenos y patriotas españoles. Aznar Zubigaray fue ministro plenipotenciario con destino en Washington, donde desarrolló una campaña en favor de la imagen de España, intentando mitigar el descrédito con el que aparecía la dictadura en grandes sectores de la opinión pública y en medios de comunicación, y, finalmente, fue designado embajador en Estados Unidos.

Manuel Aznar y Manuel Halcón son citados por el embajador Hayes como encargados de llevar a cabo una gran campaña proaliados para la que se utilizaría su influencia en los diarios *Ya* y *Madrid,* en la capital, y *La Vanguardia,* en Barcelona. Las quejas, acompañadas de amenazas, sobre las dificultades que los propagandistas de la Casa Americana encontraban para difundir sus mensajes, estaban obrando un efecto palpable. Es más:

> *… el jefe de la censura falangista, Arias Salgado, dijo a nuestro agregado de Prensa [es decir, Emmet Hughes] que pronto nos percataríamos de una señalada y general mejoría en la prensa, radio y agencias españolas.*

Así las cosas, Robert Kieve le presentó a Aznar Gómez Acedo, jefe de programas, su primer guion, que tuvo una declaración de intenciones evidente, pues recreaba la figura del general MacArthur, comandante supremo de las fuerzas aliadas en el Pacífico. Hacía tan solo un mes que este militar había vuelto a Filipinas, de donde tuvo que huir al principio de la guerra ante el empuje de los japoneses, y le rodeaba un halo de leyenda muy adecuado para tejer una historia de exaltación guerrera. Analizado este asunto tantos años después, sorprende que pudiera radiarse este y los siguientes guiones en un país que no solo mantenía lazos ideológicos y de amistad con el Eje, sino que había enviado a combatir junto a los alemanes y contra la comunista Rusia a aquella tropa de infantería conocida como la División Azul. Quizás se estaban cumpliendo las promesas recibidas.

Esto ocurrió en la última semana del mes de noviembre de 1944 y Kieve presenció desde el control, junto a Manuel Aznar hijo, el desarrollo de la emisión, que resultó ser un desastre, según su propia opinión. El director de programas, y ya amigo, le invitó a dirigir el próximo guion que no admitió dudas sobre lo que se proponía. Escribió una biografía sobre el recién nombrado secretario de Estado norteamericano Edward R. Stettinius, quien, como tal, tuvo que actuar con firmeza en algunos momentos de las relaciones con España, aunque también se opuso más adelante, como representante de Estados Unidos en el Consejo de Seguridad de Naciones Unidas, a que la comunidad internacional adoptara medidas extremas contra el régimen de Franco. Gobernaba ya Truman y eso supuso romper definitivamente las esperanzas de los demócratas españoles confiados en que la derrota de Alemania supondría la caída de la dictadura.

Con el guion en la mano y apoyado por Aznar, se entrevistó con Manolo Bermúdez, que actuaba como director en el cuadro de actores, e indagó sobre la posibilidad de realizar ensayos. No tenía una buena opinión sobre la radio española y así contó el encuentro:

> Le pregunté: «¿Cuántos ensayos suelen ustedes tener antes de cada emisión?». Y responde Bermúdez: «¿Ensayos? ¿Ensayos? ¡Ninguno! Leemos los guiones... y presentamos los programas». [...]. La primera tarea que tuve fue la de persuadirlo para tener ensayos. [...]. Pero, quizás por el apoyo que yo tenía de Aznar,

Bermúdez accedió. Sí, íbamos a ensayar. [...]. Y fue magnífica la manera en que todos cooperaron a pesar del número de horas que pasábamos en los ensayos.

No es solo una anécdota simpática, sino que refleja las normas que impuso en el trabajo que le concernía, apoyado por su amigo Manolo Aznar. Abundó en las dificultades con las que se encontró y que consistían, por ejemplo, en asuntos tan básicos como acercarse y alejarse del micrófono y en la enseñanza de las técnicas de producir efectos de sonido. Lo cierto es que en la memoria de los que conocieron aquellos acontecimientos perduraron las largas, muy largas, sesiones de ensayos, la repetición exagerada de palabras y frases hasta dar con el tono adecuado exigido y también la escena no exenta de ironía, y de comicidad, que envolvió a un grupo de actores españoles tratando de pronunciar, repitiendo una y otra vez, el nombre de Edward Stettinius en un inglés aceptable, un inglés americano, por otra parte.

Kieve no se detuvo en su labor de propagandista. En la Nochebuena de ese año se emitió su tercer programa, *Pascua en Estados Unidos*, y al mes siguiente, enero de 1945, el cuarto guion, una biografía del general Eisenhower, designado por el presidente Roosevelt para dirigir la guerra en Europa tras el desembarco de Normandía en junio del año anterior. Dwight David Eisenhower fue elegido presidente en 1953 y Robert Kieve participó en su campaña electoral de la mano de Emmet Hughes, con quien trabajó en la Casa Blanca y donde, incluso, escribió discursos para el presidente. Otra historia circular.

Aún no había cumplido veintitrés años y estaba donde quería estar, en la radio escribiendo guiones a favor de los aliados y contra los países del Eje, en una España sometida a una cruel dictadura afín a la Alemania nazi y la fascista Italia, y que tampoco disimulaba sus simpatías por el imperialismo japonés. Contaba con la ventaja de una actitud benevolente del régimen franquista, que jugaba sus cartas ante la segura derrota del bando al que realmente pertenecía y que trataba de sobrevivir a la victoria de las democracias combatientes que, por otra parte, no le iban a dejar caer. Robert S. Kieve lo tenía muy claro.

> *… La política norteamericana en España no la creaba el embajador, ni siquiera el Departamento de Estado […] era la política de los militares y se trataba de algo muy sencillo: evitar la entrada de fuerzas alemanas. Si eso hubiera ocurrido, habría sido posible atacar Gibraltar y cortar las líneas de comunicaciones de los aliados en el norte de África. En este sentido, se trataba de apoyar a Franco a cambio de que eso no ocurriera.*

La tarea de los integrantes de la «avanzadilla» de la Oficina de Información de Guerra en Madrid era la de convencer a España de que los aliados iban a ganar la guerra y que el gobierno de Franco no debía prestar ningún apoyo a Hitler. Así se especificaba en conocidos documentos de esa organización que prevenían, además, contra una posible disposición a permitir operaciones militares de Alemania en territorio español y advertían de que el futuro de España como nación dependía de la victoria aliada.

En este sentido, Kieve recordaba con especial empeño el guion que escribió en la primavera de 1945, cercano ya el final de la guerra, en un momento en que se registraba poca actividad en los frentes. Los alemanes se reorganizaban al tiempo que su propaganda intentaba difundir la impresión de que los aliados, que en realidad preparaban la ofensiva final, eran incapaces de avanzar ante la solidez de sus defensas. Los medios españoles —algunos germanófilos hasta la exageración, cuando no declaradamente pronazis— ayudaron a extender esa impresión.

Así fue como decidí escribir un guion para corregir esa sensación. Describía las actividades en ambos lados. El narrador fue Teófilo Martínez y cuando anunciaba que los alemanes se afanaban tras la gran línea defensiva llamada Línea Siegfried, el montaje musical dejó oír música de Wagner, la marcha fúnebre de Siegfried.

La marcha fúnebre fue escrita por Richard Wagner para acompañar la escena de los funerales de Siegfried, el héroe de su gran drama épico *El anillo del Nibelungo*. Kieve quiso hacer evidente que los ejércitos de Alemania estaban viviendo la víspera de su derrota, de sus propios funerales. ¿Los oyentes entendieron el propósito de la emisión? Es dudoso que así fuera. Kieve nunca lo supo y se lamentó por ello.

Y la censura, ¿se enteró? Y, si se enteró, ¿lo entendió? Se esperaba el final de la guerra y, con ella, la derrota de Hitler. Seguramente, el dictador Franco se sentía ya a salvo y, por lo tanto, a salvo su régimen cruel, que podía mostrarse relajado y poco riguroso ante sutilezas como las descritas. Sin embargo, cabía preguntarse si el aparato censor en manos falangistas —fascista e hitleriano, tan celoso en su cometido represor— permitiría la derrotista y fúnebre asociación que establecía la marcha wagneriana. Kieve ofrece una interpretación casi ingenua.

... esta música se describía en el guion sencillamente como «Música» y la censura no pudo censurarla...

En realidad estaba respondiendo a las sospechas que comenzaron desde el momento de su llegada a Radio Madrid, que extendieron la idea de que sus guiones nunca pasaron censura. Si eso hubiera sido así, habría que relacionarlo con la eliminación de los obstáculos con que se encontraron al principio las actividades de la OWI y la Casa Americana, tal y como describió el embajador Hayes.

En su trabajo, puesto que de su trabajo se trataba, Robert Kieve tuvo en cuenta un segundo objetivo que coincidía literalmente con las pautas marcadas por la organización a la que pertenecía. Se trataba de generar entre los españoles la imagen de Estados Unidos como un país democrático, culto, avanzado científicamente y brillante en el terreno de las artes. Y así, junto a programas conectados con la actualidad de la guerra, como los citados y como aquel que situaba la acción en el centro de la batalla de Iwo Jima, se escribieron y emitieron guiones que encajaban con ese otro propósito.

Robert Steiner Kieve no estaba solo en el empeño.

El equipo

La vieja carpeta que surgió entre las cajas de una mudanza nos da algunas claves sobre lo que ocurría en 1946 en aquella emisora de radio. En las hojas amarillentas que guardaba en su interior, como fotografías que pierden sus colores originales y se convierten en imágenes que el tiempo ha convertido en sepia, aparecen nombres que están ligados al paso fugaz de Kieve por Radio Madrid, a la vez que nos adelantan el hecho de que los espacios dramatizados destacaban como destellos de calidad en las hojas de programación.

El dúo cómico Pototo y Boliche, especialista en programas infantiles, está con él desde el momento inicial. Manolo Bermúdez (Boliche) aparece como el director de su primer guion, aquel que supuso un fracaso rotundo, y ya no se despegó de su estela. Cómico y gran amigo. Su físico, bajito y regordete, le recordaba a Lou Costello, el actor que junto a Bud Abbot también formó una pareja de comediantes estadounidenses conocida como Abott y Costello. Nunca supo la razón por la que Bermúdez odiaba a Costello. «¡Cómo odio a ese tipo!», dijo una noche señalando su fotografía en las carteleras de un cine de la Gran Vía. Quiso saber el motivo de su inquina y el Costello español nunca dio una razón convincente. Extravagancias de actores, quizás, neuras que se manifiestan sin más explicación. Bermúdez tuvo una larga carrera en el cuadro de actores de Radio Madrid, también como director, y apareció en alguna película junto a su gracioso compañero.

A Eduardo Ruiz de Velasco (Pototo) le consideró gran amigo y gran colaborador. Y dijo de él, textualmente:

Era, quizás, el hombre con más talento en el cuadro. Sabía hacerlo todo. Llegó a ser experto en efectos de sonido. Y a pesar de no saber leer música podía tocar al piano cualquier pieza. Y era un dibujante extraordinario. Una vez me dijo: «Si lo puedo ver, puedo copiarlo en el papel». Tenía una personalidad magnífica.

Coronó el elogio con la consideración de que era cómico y amable. De su lápiz salieron los dibujos que ilustraron el libro *El arte radiofónico*, donde, por supuesto, le cita. Bermúdez y Ruiz de Velasco intervinieron de tal forma en las producciones de Kieve que se convirtieron en un apoyo habitual y muy práctico.

El dúo Pototo y Boliche puso en antena programas infantiles como el citado *Emisión infantil de Radio Madrid*, donde desplegaban una serie de recursos humorísticos plagados de equivocaciones, frases de doble sentido, retruécanos y acentos inventados, sobre todo un deje chino de pacotilla de la mano de un personaje fijo descrito como el malvado Chung Tang Pang («¡Oh, honolable padle y muy señol mío! ¡Qué holol, qué tlagedia, qué holol!»), y muchas canciones. La fórmula era sencilla: dos payasos en situaciones simples, a veces simplonas. Otro personaje fijo era el Hada Blanca, que dialogaba con la famosa muñeca Mariquita Pérez («que anda, viste y se mueve como vosotras») y su hermano Juanín. Publicidad dramatizada, pues. Con esos ingredientes, Pototo y Boliche armaron espectáculos teatrales destinados a un público infantil y en ellos, el malvado Chung Tan Pang, interpretado con frecuencia por el actor Ramiro Muñoz, cantaba su canción coreada a gritos por la chavalería.

> *Soy el telible Chung Tang Pang y quien me lleve la contlalia o*
> *se pase de esta laya segulo que molilá, segulo que molilá.*

También hicieron incursiones en el cine, lo que venía a demostrar la notoriedad de obras y personajes radiofónicos que fueron llevados a la pantalla al rebufo de su éxito. La película más destacada fue aquella que llevaba sus nombres en el título, *Pototo, Boliche y Cía.*, de 1948, dirigida por Ramón Barreiro, en la que actuaron con lo más distinguido del cine español de la época, incluidos Fernando Fernán Gómez, Jorge Mistral y Amparo Rivelles.

Completaba el trío protagonista Maribel Alonso, joven y destacada actriz de radio, ya con una brillante carrera desde que a los catorce años, en 1941, debutó en el serial de breves capítulos *Se ha perdido un collar*, que se emitía el sábado por la noche dentro del programa ómnibus *Fin de Semana*, presentado por el locutor chileno Bobby Deglané. Alonso intervino, como era habitual, en espacios de gran calidad dirigidos por Antonio Calderón y también en seriales de enorme popularidad de Guillermo Sautier Casaseca. Fue, por ejemplo, la Margarita de *Lo que no muere*, de Sautier y Luisa Alberca, que en 1953 narraba una delirante historia de buenos y malos en la España franquista interpretada por los estupendos y brillantes actores de aquella gran compañía: Pedro Pablo Ayuso, Matilde Conesa, Juana Ginzo, Eduardo Lacueva y Vicente Mullor, entre otros. Su biografía resalta que se trata de una actriz muy valorada por José Méndez Herrera y por eso su cita aquí es más que pertinente.

Digamos de paso que *Lo que no muere* y lo que vino después representó el triunfo definitivo de una radio que chocaba frontalmente y de una manera agresiva y mortal contra el concepto de lo radiofónico creado e impulsado por Antonio Calderón. La «radio medio de expresión» descendió a los abismos y con ella se precipitó cualquier consideración artística del medio. Calderón abominó de todo aquello y de sus autores. Pronunció la palabra *sucio* para calificar algún acontecimiento relacionado con los seriales lacrimógenos y reaccionarios, no siendo él, precisamente, un hombre de izquierdas.

Si hay algo en el mundo para crear ficciones es la radio. Si hay algo idóneo para crear ficción y sueños es la radio. Pero aquello era todo lo contrario, la antirradio. La que ganó la batalla, la batalla del serial.

El poeta y dramaturgo José Méndez Herrera trabajaba como traductor en la Casa Americana y desde el principio se ocupó de verter al castellano los guiones de Kieve. Al margen de su trabajo en aquella (recordemos las palabras de Hayes) avanzadilla de la OWI, se convirtió en un solvente traductor de, por ejemplo, Shakespeare y Poe. Se atrevió con las obras completas de Dickens y suya es una versión de *Un tranvía llamado deseo* de Tennessee Williams. No descuidó la obra propia y, en 1945, la Academia premió su poema dramático *Naufragio en tierra*.

Kieve no ignoraba los antecedentes literarios de Méndez Herrera, con quien, además, le unía la tarea que le había encomendado para la radio. Una gran complicidad. Por eso siempre recordaría con emoción la escena que se desarrolló en los primeros días de febrero de 1945. Se encontraba sentado ante su mesa de trabajo cuando se le acercó con unas hojas de papel en la mano y, pidiendo disculpas de antemano, le preguntó si tenía tiempo para leer algo que había escrito con la intención de presentarlo en Radio Madrid. Sus palabras textuales:

Me emociono mucho al recordarlo. Aquel gran hombre se presentó ante mí, como si yo fuera un crítico, con un ejemplo de su magnífica poesía.

Se encontraron veinte años después del lejano suceso y, sentados frente a frente en un restaurante, Kieve intentó explicarle la impresión que aún guardaba de aquel momento.

La emoción no me lo permitió. Yo estaba a punto de llorar. Al final tuve que darle por escrito mis sensaciones.

Aquellos papeles contenían un guion sobre el río Misisipi, quizás el más recordado de cuantos escribió. Se llamó *La voz del río* y fue la voz de Teófilo Martínez, que retumbó aún más con la cabeza bajo la tapa del piano, la que describió el discurrir del formidable caudal de agua de más de 3700 kilómetros de longitud que, de norte a sur hasta el golfo de México, parte en dos el enorme país. El segundo guion de Méndez Herrera fue una biografía de George Washington, el primer presidente de Estados Unidos, y en adelante prestó especial atención a escritores y poetas como los encontrados en la carpeta polvorienta: Longfellow, Robert Frost y también Washington Irving y otros, capítulos todos ellos de una serie que se tituló *Así es Norteamérica*. Como dijo Kieve, cumpliendo uno de los objetivos de la OWI, se trataba de mostrar a los españoles una nación culta y avanzada, con grandes figuras literarias y logros científicos.

Insistió en este último campo de propaganda y, así, nació una serie semanal sobre inventos norteamericanos que se llamó *Lo que el futuro promete*, donde el amigo Robert se asignó el papel del personaje Pablo, que dialogaba con otro llamado Pedro. Y, en fin, otra serie de programas sobre la medicina norteamericana fue encargado a Eugenio Olivares, que, como Méndez Herrera, trabajaba como traductor en la Casa Americana.

Olivares, de unos cuarenta años entonces, era médico, concretamente neuropsiquiatra (en esos años la neurología y la psiquiatría no estaban muy definidas como especialidades separadas) y había sido alumno de José Miguel Sacristán, eminente figura de la psiquiatría española, maestro de médicos, que tras la Guerra Civil, en 1940, fue sometido a expediente de depuración y cesado en su actividad médica en un ejemplo más del cruel ensañamiento de la dictadura franquista contra intelectuales, científicos y profesores sospechosos de transmitir ideas que no encajaban con el credo fascista del momento. A Eugenio Olivares, sometido a su vez a expediente de depuración, no le era permitido ejercer la medicina y, para sobrevivir, aceptó un puesto de traductor en la Casa Americana, como testifica el psiquiatra y escritor Carlos Castilla del Pino, que lo conoció y del que fue amigo durante sus años de estudiante en Madrid a pesar de la diferencia de edad. En su libro autobiográfico, *Pretérito imperfecto*, Castilla reconoce el magisterio de su amigo y le describe como un hombre de estatura mediana, calvo, de rostro amable y acogedor. Traducía del alemán, francés e inglés. La traslación al español de estudios alemanes de su especialidad gozaban de una alta consideración. Persona de gran cultura, animó a Castilla del Pino a la lectura de obras de la literatura universal que nada tenían que ver con sus estudios, entre ellos Kafka, Proust, Joyce, Valle-Inclán o Pirandello, porque los creía fundamentales para su formación.

Fue un científico depurado y represaliado. Se le prohibió ejercer la medicina, como ocurrió con Sacristán, su maestro, y como sucedió con otro prestigioso neuropsiquiatra, Gonzalo Rodríguez Lafora, de cuyo equipo formó parte en los años treinta. Lafora, uno de los integrantes del grupo de investigadores formado en torno al nobel Santiago Ramón y Cajal y continuador de alguno de sus trabajos, huyó a México espoleado por el temor a las consecuencias que se podrían derivar de las acusaciones de pertenencia a organizaciones de izquierdas de que era objeto. Años después, a su regreso a finales de los años cuarenta, tuvo que sortear no pocas dificultades para reanudar su profesión en España. Son datos que permiten dibujar con exactitud el retrato científico y político de Eugenio Olivares y su peripecia vital y profesional. Las citas a Sacristán y Lafora nos remiten al brillante panorama de la psiquiatría española de preguerra y, por el contrario, al páramo en que se convirtió tras el triunfo bélico de Franco. Una tragedia.

La época franquista comenzó bajo el dominio de Antonio Vallejo Nájera, psiquiatra y coronel, autor de delirantes teorías y trágicas actuaciones en cárceles y manicomios, en instalaciones médicas y centros de enseñanza. Empeñado en demostrar una supuesta patología de las ideas de izquierdas, fue el creador del término «gen rojo», hallazgo que permitía relacionar al marxismo con una deficiencia mental. Partidario de la castración de «psicópatas» y de experimentos cercanos a la limpieza étnica aprendida de los realizados por los nazis en Alemania, él mismo contó con asesores alemanes para su trabajo en España. En su obra *Eugenesia de la Hispanidad*, vierte opiniones claramente racistas y se muestra partidario de la eliminación social de «imbéciles y degenerados» que identifica con grupos políticos de izquierda, anarquistas, comunistas y socialistas. Autor de métodos de tortura enmascarados como estudios clínicos que aplicó a presos políticos, muchos de los cuales habían pertenecido a las Brigadas Internacionales, recluidos en la prisión de San Pedro de Cardeña

(Burgos) y, sobre todo, se cebó con cincuenta mujeres republicanas de la cárcel de Málaga que esperaban su inminente ejecución. Un asesinato. A través de sus disparatados análisis, pretendió demostrar una supuesta degeneración de las mujeres, que, dado su carácter, eran proclives a la delincuencia marxista. Estas teorías no son anécdotas: sirvieron de justificación pseudocientífica para que el franquismo instaurara un régimen de terror que propugnaba la eliminación física de los perdedores. También el robo de niños, que eran arrancados de sus madres encarceladas y condenadas a muerte en tantos casos. Vallejo Nájera defendió con ahínco una psiquiatría católica con raíces en la filosofía de santo Tomás de Aquino. Una aberración científica.

En cierto modo, la religión también marcó al que fue su coetáneo y rival en la era franquista, Juan José López Ibor, perteneciente al Opus Dei, según numerosos testimonios, y, por lo tanto, activo propagandista de sus ideas como es habitual en los miembros de esa influyente organización religiosa. Era una época en que los electrochoques y las camisas de fuerza eran instrumentos falsos de curación. La lobotomía se realizaba para erradicar pretendidos males mentales e, incluso, para una imposible «cura» de la homosexualidad. Un desastre. En ese panorama, el rey era López Ibor, que gozó de un gran prestigio a pesar de opiniones poco favorables procedentes del mismo ambiente científico y de alguno de sus pacientes, que también eran clientes, puesto que su actividad privada fue notable. Es conocido el juicio expresado en escritos y entrevistas por el poeta Leopoldo María Panero, que fue tratado por el destacado médico. Afirmó que le aplicaba electrochoques y después le dejaba una estampa de santa Teresa de Jesús que depositaba en la mesilla.

Conceptos tan distintos de la medicina que se ocupa de las enfermedades mentales ya se habían enfrentado en los tribunales en 1934, durante el juicio por el parricidio cometido por Aurora Rodríguez Carballeira, que había matado a su hija Hildegart un año antes. Eugenio Oivares fue, sin duda, testigo privilegiado en el caso Hildegart, no solo porque se convirtió en un suceso de gran repercusión mediática, sino porque colegas y maestros suyos estuvieron implicados en el mismo. Rodríguez Lafora escribió en la revista *Luz* una serie de artículos poco después del juicio y se basó fundamentalmente en el informe pericial que sus compañeros y amigos José Miguel Sacristán y Miguel Prados habían elaborado con destino a la defensa de Aurora, a la que consideraron una paranoica pura que padecía un proceso patológico psíquico incurable, un estado de peligrosidad psíquica que le llevó a extremar sus ideales socialistas de reforma de la sociedad depositados en Hildegart, a la que mata de varios disparos cuando cree que su hija ha traicionado sus planes reformistas convertidos en pulsiones patológicas que han transformado su personalidad. Como indicaron los historiadores de la ciencia Raquel Álvarez y Rafael Huertas, que estudiaron el caso en su obra *¿Criminales o locos?* (CESIC, 1987), se trató de un crimen azuzado por los sentimientos exacerbados de amor y de posesión. Aurora mata a su hija Hildegart porque es preferible destruir su obra antes que perderla o que se prostituya.

El informe pericial destinado a la acusación fue elaborado por Vallejo Nájera y Antonio Piga, basado principalmente en aspectos de responsabilidad penal de la procesada sin entrar en otros aspectos de su personalidad. Y mucho menos en el ambiente de inquietud y agitación del momento en que ocurrieron los hechos:

crisis del gobierno Azaña, sucesos de Casas Viejas, radicalización de la izquierda, posteriores elecciones que dieron el triunfo a la derecha, comienzo del llamado bienio negro y la represión de Asturias. Una época de gran excitación social fue el marco en el que se desarrollaron las ideas airadas y enfermizas de Aurora Rodríguez, cuyo crimen tuvo un amplísimo eco no solo en los medios de comunicación y la opinión pública, también en la situación política y, por supuesto, en la ciencia psiquiátrica de aquellos años.

Es indudable que todos aquellos acontecimientos serían observados con interés profesional por Eugenio Olivares, el neuropsiquiatra depurado, castigado a no ejercer su profesión, obligado a ganarse la vida como traductor e intérprete en la Casa Americana, al tiempo que escribía para Robert Kieve una serie radiofónica sobre la medicina en Estados Unidos. Este caso y otros que saldrán a la luz más adelante sirven para dejar constancia de que la Embajada de EE. UU. y la Casa Americana, y en menor medida la representación diplomática británica, emplearon en diversas tareas a represaliados por el franquismo.

Todos los nombres expuestos corresponden al núcleo de personas que trabajó junto a Kieve para llevar a cabo su tarea radiofónica, sin contar a los técnicos, actores, montadores musicales y empleados necesarios para tal fin. Da la impresión de que constituían un grupo que funcionaba aparte, con sus propias reglas, con el apoyo de Manuel Aznar Gómez Acedo, jefe de programas e hijo del embajador Aznar, sin mezclarse con la labor creativa que ya estaba desarrollando, sobre todo, Antonio Calderón. Así lo confesó el propio Kieve, como ha quedado dicho:

Estábamos en áreas distintas. Él no entró en nuestros programas y yo no tenía nada que ver con los suyos.

A todas esas personas citó nuestro hombre, incluso con agradecimiento y, en algunos casos, con admiración. Tampoco se olvidó de otras que, sin estar en la tarea diaria, le aportaron datos y conocimientos sobre la radio española. Es el caso de Gaspar Tato Cumming, con quien mantuvo «provechosas conversaciones» a ese respecto. Alicantino de origen, en su historial radiofónico ha quedado anotado como probable —o improbable, según versiones— importador del exterior de la idea del programa *Carrusel Deportivo* y quizás su primer director, aunque años más tarde la autoría del mítico y aún duradero espacio fue reclamada por Bobby Deglané, si seguimos la muy detallada biografía que sobre el locutor chileno escribió el periodista Miguel Ángel Nieto. De todas formas, se trata de una polémica poco productiva.

Como ha documentado Ángeles Afuera en su monumental tesis de doctorado *La sociedad Unión Radio: empresa, emisora y programación (1925-1939)*, con el nacimiento de la Liga de Fútbol de Primera División, en la temporada 1928-1929, Unión Radio ya puso en antena lo que puede considerarse un precedente de *Carrusel Deportivo*. Se retransmitieron varios partidos a través de una cadena formada por sus estaciones en Madrid, Barcelona, Sevilla y Valencia. La estrella deportiva Carlos Fuertes Peralba, que lo siguió siendo en Radio Madrid tras la guerra, se encargó de radiar el encuentro entre el Racing y el Sevilla. Existe una fotografía, rescatada de la revista *Ondas*, en la que aparece Fuertes Peralba en el trance de retransmitir un partido de fútbol. A su lado, por cierto, se sienta el emblemático locutor Luis Medina, el que fue condenado a muerte y luego vio conmutada la pena por otra de prisión. Y no solo eso. Ángeles Afuera ha registrado la primera retransmisión de un partido de fútbol el 15 de mayo de 1927 con ocasión de la final del Campeonato Nacional disputada en Zaragoza entre el Real Unión Club y el Arenas Club. La narración del encuentro pudieron escucharla los oyentes de Madrid y de las emisoras vascas. Es decir, retransmisión en cadena, puesto que desde muy temprano las conexiones entre emisoras eran frecuentes para acontecimientos deportivos y de otra índole.

Ocurrió, sin embargo, que estalló la guerra que rompió tantas cosas y aquellos precedentes no tuvieron continuidad hasta 1952, cuando surge el primer programa de *Carrusel Deportivo*, al frente del cual se coloca al gran Vicente Marco, locutor de primera, ascendido a esa categoría de la mano de Antonio Calderón —así lo precisaba el propio Marco—, para dar paso a las crónicas que, «en cadena», se elaboraban y emitían los domingos por la tarde desde las distintas emisoras de la SER. Aunque la idea era una vieja idea, como se ha visto.

El historial de Tato Cumming nos descubre además que fue director de la emisora de la SER en Tetuán y que, por la labor cultural desarrollada en ella, recibió el Premio Ondas en 1956. Pero su figura tiene perfiles de muy distinta y atractiva condición. Conocido como autor de libros de viajes, publicó, entre otros, *Nueva York. Un español entre rascacielos*, con prólogo de Federico García Sanchís, y *Un viaje alrededor del mundo*, prologado por Wenceslao Fernández Flores. Fue su mirada viajera sobre Extremo Oriente la que adquiere relevancia política.

En 1938, en plena Guerra Civil y en la zona golpista, publicó en el *Diario de Burgos* el artículo «En el Imperio del Sol Naciente. Un país moderno y de ensueño», que hay que adscribir a la corriente de simpatía que sobre Japón circulaba en la España afín a los países del Eje. El profesor Florentino Rodao, doctor de Historia Contemporánea de la Universidad Complutense, gran conocedor de la historia de esa zona del mundo, en su trabajo *Japón y la propaganda totalitaria en España (1937-1945)*, le incluye en el grupo de escritores y periodistas simpatizantes de la cultura y costumbres japonesas que contribuyeron a extender las ideas lanzadas por la propaganda franquista que construyó un paralelismo entre la guerra española y los conflictos bélicos chino-japoneses. Batallas contra el comunismo, se daba a entender. Y es que un año antes, en 1937, Japón reconoció al régimen de Franco, al que exigió como contrapartida el reconocimiento de Manchukuo, el estado fantoche que los japoneses habían creado tras invadir la región china de Manchuria, al frente del cual pusieron a Pu Yi, el último emperador de China derrocado tras la instauración de la República, para aparentar una legitimidad difícilmente reconocida por la comunidad internacional. El historiador Florentino Rodao ha escrito con acierto sobre esta cuestión obras de obligada consulta, como *Franco y el imperio japonés*, y otras. También Tato Cumming publicó sobre estos asuntos y lugares varios libros superficiales, uno titulado, precisamente, *El Imperio de Manchukuo* y también *Tokio. Un español entre geishas*, todos ellos francamente projaponeses, como convenía al régimen instalado en España. Hombre de mundo, sin duda Gaspar Tato Cumming debió mantener con Kieve sabrosas conversaciones.

A todos esos nombres, es necesario añadir otro para que el cuadro esté completo. Un nombre muy especial: Carlos González. De él dijo Antonio Calderón:

Carlos fue, junto a Méndez Herrera y Sautier Casaseca, una herencia de Kieve. En la primera grabación que se hizo en Radio Madrid, Los episodios nacionales, *en discos de acetato, Carlitos hizo milagros. Lo había aprendido en la Casa Americana.*

Carlitos

Carlos González nació en 1925, el mismo año en que se inauguró Unión Radio, que luego se llamó Radio Madrid para borrar todo vestigio de su historia de preguerra. Una casualidad de la que se enteró cuando, transcurrido un tiempo, vio la fotografía de la ceremonia de la inauguración colgada de una de las paredes de la emisora donde comenzó a trabajar. Se trataba de la conocida imagen del rey Alfonso XIII ante el micrófono en el momento de dirigirse a la audiencia el 17 de junio de aquel año en presencia del Consejo de Administración y tras ser presentado por el locutor Luis Medina, que aparece en el lado izquierdo de la instantánea.

Con toda seriedad pensó que la coincidencia de las fechas y su afición a la radio nacida en la infancia significaban que su vida estaba marcada por el destino. Siendo muy niño aprendió a manipular uno de aquellos prehistóricos aparatos de galena construido por su abuelo. Un escrito autobiográfico, no publicado, en el que contó su paso por la radio lo tituló, precisamente, así: *¿Predestinación?* Entre interrogantes, quizás para no parecer categórico. Era un muchacho al que todos llamaron Carlitos, un apelativo cariñoso que, desde entonces, le acompañó siempre y era indicio de un carácter amable y cercano.

Carlos «Carlitos» González es un testigo excepcional de acontecimientos extraordinarios. Apareció de la mano de Robert Steiner Kieve, al que no gustaban los efectos de pasos y puertas que se abren y se cierran, y, cuando el americano desapareció, allí se quedó e incluso participó con entusiasmo en aquellas otras producciones, repletas de efectos o no, que marcaron el inicio de una época creativa sin precedentes. La fotografía que adornaba una sala de Radio Madrid formaba ya parte de un paisaje que le era habitual.

En la Casa Americana comenzó a trabajar como repartidor. Una flotilla de muchachos en bicicleta distribuía por Madrid correspondencia, boletines, escritos, informes, comunicados y partes de guerra que editaba la sección de prensa de la Embajada. Un acontecimiento retiró a Carlos de las calles madrileñas y marcó su «destino» posterior. Se descubrió que uno de aquellos chicos, sin saberlo, estaba repartiendo propaganda antifranquista, oculta entre las páginas de una de las publicaciones que llevaba consigo. El ambiente se enrareció y el joven Carlos pidió otro empleo.

El escenario histórico del acontecimiento nos sitúa en el Madrid del año 1944. La guerrilla urbana comunista, de la mano de miembros del PCE combatientes durante la Segunda Guerra Mundial y retornados clandestinamente, se propone compaginar actividades violentas con otras de carácter propagandístico y proselitista. Se utilizaron varias imprentas. Una de ellas constituyó una auténtica osadía, puesto que era, nada menos, la instalada en la Embajada de Estados Unidos. Declaraciones de destacados dirigentes del PCE en años recientes apuntan que allí se imprimieron ejemplares de *Mundo Obrero* y señalan a un personaje, de nombre José Menéndez, alias el Chato —quizás por su físico—, como el autor de tal audacia. Archivos del PCE, páginas de memoria histórica y el libro *La epopeya del «Chato»*, escrito por su nieto Juan Manuel Menéndez, aportan muchos datos biográficos sobre esta persona tan singular.

Asturiano nacido en 1901, emigró a Cuba siendo un adolescente. Estudió periodismo y aprendió inglés. Da el salto a Nueva York para trabajar en un periódico editado en lengua española. Su dominio del inglés le valió para ingresar en el diario *The New York Times*, primero como redactor deportivo y, poco después, como experto en política internacional. Con la proclamación de la II República en España, es enviado a Madrid y también viaja a Alemania para dar cuenta del ascenso del nazismo. En la capital española establece contacto con Lorca, Buñuel, intelectuales y políticos del momento, como Unamuno o Azaña. Quizás por eso, algunas referencias le sitúan en la órbita de la Generación del 27. Escribe en revistas y periódicos, entre ellos *El Sol*, cuya propiedad se confunde con la de Unión Radio, dirigida por Ricardo Urgoiti. Se acerca al Partido Comunista y durante la Guerra Civil sus escritos aparecen en *Mundo Obrero* y otras publicaciones. Mantiene una actividad notable en defensa de la República. Al finalizar la guerra es detenido en Alicante, desde donde una multitud derrotada intentaba escapar a la sangrienta represión que se avecinaba. Los barcos que debían sacarlos del infierno nunca llegaron, como es sabido. Fue juzgado por los vencedores y condenado a muerte, y la condena conmutada por años de prisión. En 1944 fue puesto en libertad y, gracias a sus contactos con destacados miembros de la representación diplomática de Estados Unidos, consiguió trabajo en la Embajada de Madrid, donde ejerció de traductor y realizó otras labores, como colaborar en informes sobre el cruel sistema carcelario de la dictadura y los movimientos de oposición al régimen de Franco, aspectos que conocía sobradamente. No abandonó su labor antifranquista, que ahora realizó, claro, de forma clandestina. Periodista de gran calado, intelectual comprometido, ha sido señalado como el creador de una célula insólita que utilizó la imprenta de la Casa Americana para editar panfletos y revistas. La detención de numerosos activistas en Madrid puso fin a la utilización de ese método de edición de propaganda opositora.

José Menéndez no fue detenido en esta ocasión. Gozaba de una situación especial por su procedencia, trabajo y relaciones con representantes del gobierno de Washington. Era, además, beneficiario de un salvoconducto firmado por sus jefes, entre ellos Emmet Hughes, que también lo era de Robert Kieve, quien ya había puesto el pie en Unión Radio. Pero la presión policial le obligó a marchar a Tánger, ciudad abierta, junto a su esposa, Avelina Ranz, también una activa opositora a la dictadura. Regresó a España en 1957 para continuar con su profesión de periodista ejercida en diarios y revistas de la época.

Ese ambiente azaroso y de peligro alejó a Carlos González de las calles madrileñas. La capital, como todo el país, era escenario de dramas que el tiempo, no poca veces, ha dulcificado y envuelto en el color sepia de la nostalgia. Aunque solo hay que rascar en la superficie amable de los recuerdos para descubrir el drama de la pobreza, incluso del hambre; la lucha sin cuartel de la policía franquista contra los resistentes; las detenciones, juicios y condenas a largos años de prisión o muerte; el miedo de los vencidos o la abusiva prepotencia de los vencedores. Aún hoy falsos historiadores pretenden justificar tanta barbarie. Pero los más serios escritos han dibujado la vida difícil que se desarrolló bajo las apariencias.

Las calles de Madrid eran peligrosas a pesar de que se ha descrito con añoranza una ciudad alegre que se divertía en garitos, salas y lugares de fiesta, celebración y juerga. Los mismos lugares donde se especulaba, se corrompía o se estraperleaba (por ejemplo, el bar Chicote; en el establecimiento del popular y simpático barman, bien relacionado con el régimen, se podían comprar por un alto precio sulfamidas y luego penicilina para curar enfermedades infecciosas de la época), además de los despachos y altas estancias donde la corrupción de todo tipo, no solo política, era protagonista. Y a la radio no se le permitió contar lo que pasaba, se le prohibió retransmitir la vida. La radio amordazada.

Carlos dejó la calle y con él entramos en las dependencias de la Casa Americana. Fue destinado a una sección donde se ocupó en ordenar un archivo de miles de fotografías que se utilizaban para ilustrar artículos que, redactados en inglés, se traducían en Madrid y se enviaban a los medios de comunicación para su publicación. Fotos de guerra, de barcos, aviones, armas y acciones bélicas, desembarcos de marines, por ejemplo, y de militares y políticos estadounidenses, sobre todo del presidente Roosevelt. También se encargó de una revista de prensa que confeccionaba con recortes de periódicos españoles donde encontraba referencias a los Estados Unidos.

Todo muy rutinario, aunque más de una vez fue testigo de sobresaltos con motivo de visitas de personajes que intentaban pasar inadvertidos buscando información o, por el contrario, ofreciéndola y estableciendo contactos que se querían ocultar.

Un día llegó un coche a toda prisa y de él fue sacado un hombre con la cabeza tapada por un gabán para no ser reconocido. Fue introducido velozmente en una habitación. Y de ella salió después con la misma urgencia y con el mismo procedimiento, con la cabeza oculta en el abrigo, hasta el automóvil que le esperaba.

Tiempos tormentosos en los que el espionaje y las actividades ocultas eran hechos ordinarios. El caso es que Carlos González se ganó fama de ordenado y meticuloso, y esa aureola, como el cariñoso diminutivo de Carlitos, le acompañó en adelante. En la radio fue un técnico concienzudo, metódico y con ingenio. Por eso se vio envuelto en enojosos trabajos que le encomendaron, porque disponía de la paciencia y la precisión necesarias para realizarlos. Cuenta anécdotas y no acaba.

Lo pasé muy mal cuando comenzaron a emitir la vida de Celia Gámez interpretada por ella misma. Pero la gran vedette de la revista no sabía leer, no sabía, era imposible. Se le dijo entonces que intentara leer el texto y si se equivocaba que siguiera, que repitiera, que repitiera. Una barbaridad. En tres minutos había cincuenta o sesenta cortes. Y luego había que armar aquel rompecabezas. Nadie sabe lo que fue aquello.

Cortar y empalmar. Carlos fue un maestro en el manejo de las cintas magnetofónicas desde el principio, desde los tiempos iniciales en que aparecieron y había que cortar y empalmar a mano, con tijeras y sumo cuidado para no estropear la grabación.

Esas cualidades las aplicó en su trabajo en el archivo de la Casa Americana y le dieron cierta fama en la oficina, pero sus inquietudes le llevaron a conocer otras cosas, otras dependencias, otras actividades que allí se realizaban. Observó que en el ático había un grupo de radiotelegrafistas que, sentados ante máquinas de escribir, recibían señales en morse a través de auriculares e iban escribiendo el mensaje directamente. Recordemos que allí se recibían informaciones y comunicados, en clave o no, de la central de la organización en Nueva York y también de estaciones ubicadas en otros lugares. Cuando estos operarios tenían que ausentarse por necesidades fisiológicas, por ejemplo, o para fumarse un cigarrillo, incluso para un breve descanso después de horas de trabajo, dejaban los auriculares a un lado y ponían en marcha un aparato grabador de discos. Eran discos de acetato que constaban de una placa de aluminio muy fina revestida de una laca brillante de color azul, el acetato, donde una aguja o estilete abría un surco donde quedaba grabado el sonido. Cuando el radiotelegrafista volvía, paraba la grabación, se colocaba de nuevo los auriculares y seguía con su trabajo. Al final, copiaba lo que había quedado grabado en el disco y completaba así la retransmisión.

Esa fue la forma en que Carlos entró en contacto con la técnica de la grabación. Tanto le interesó que decidió aprender y se hizo habitual en lo que se llamaba sala de recepción de radio. El siguiente paso consistió en que los propios operarios le confiaron algunas de aquellas grabaciones, encargo que, poco a poco, se hizo habitual. Y este es un hecho importante para aquella Radio Madrid de los años cuarenta.

El primer programa que se emitió grabado fue en 1947 y se trataba de una serie basada en los *Episodios nacionales*, de Galdós, adaptada por Méndez Herrera y dirigida por Antonio Calderón. La grabación se hizo, precisamente, en discos de acetato y en aparatos grabadores prestados por la Casa Americana. El papel de Carlos fue destacado. Pero antes hubo otras grabaciones.

El primer programa que se grabó en discos de acetato fue una emisión de Robert Kieve de 1946. Se instaló una línea telefónica conectada con la Casa Americana donde se recibía el sonido y se grababa en aquellos aparatos. Yo fui la noche anterior a la radio para preparar la operación con los técnicos de la emisora.

Un programa de Kieve emitido en directo y grabado a través de una línea telefónica en los aparatos grabadores situados en la Casa Americana, donde los actores y técnicos que habían intervenido pudieron escuchar el resultado de su trabajo. Aquella grabación y, probablemente, otras que vinieron después no estaban destinadas a su emisión, sino que sirvieron como una continuación de los exhaustivos ensayos del minucioso americano: para corregir defectos, entonaciones, interpretaciones, en suma.

Mediante las grabaciones en discos de acetato, los actores y actrices pudieron oír por primera vez sus propias voces, subraya Carlos González; los ruideros, la calidad de los efectos empleados, y los técnicos y montadores musicales, la precisión de sus trabajos. Y todos, los defectos e imperfecciones a corregir.

El joven Carlitos ya había estado en la radio, porque un día *mister* Kieve le hizo un encargo urgente: debía entregar unos guiones a Eduardo Ruiz de Velasco. Le encontró en un despacho donde también estaba Manolo Bermúdez y así fue como conoció a los dos personajes más estrechamente ligados al mundo Kieve, al tiempo que ponía los pies por primera vez en aquellas dependencias y donde, también por primera vez, observó la fotografía que daba fe de la inauguración de Unión Radio por el rey Alfonso XIII en 1925. Le pareció mágico.

Entregué los guiones y aquel sitio me pareció mágico. Y pensé: «¡Quién pudiera trabajar aquí!».

Lo consiguió, y fue un hecho tan cierto como que allí permaneció hasta el mismo día de su jubilación.

Continuará.

Opinión pública

El trabajo se desarrollaba con altibajos. El objetivo de los «propagandistas» americanos, como los calificó Kieve, era el de convencer al Gobierno español de que los aliados iban a ganar la guerra y de que Franco no debía apoyar a Hitler. Washington amenazaba con terribles consecuencias, incluida la desaparición del país una vez vencido el Eje, al tiempo que se esforzaba por mantener unas buenas relaciones con la dictadura con el fin de evitar que España fuera territorio de paso para los nazis hacia el Mediterráneo.

Con ese fin, en aquel mundo en guerra se dieron otras batallas lejos de las trincheras, si no tan sangrientas, sí tan empecinadas y crueles. La batalla por conquistar a la opinión pública fue una de ellas y la radio, un medio apropiado.

Hubo momentos críticos y todos jugaron sus cartas. Hemos visto cómo el gobierno de Madrid protestó por la fracasada

Operación Banana. ¿Cómo confiar en Estados Unidos y sus propuestas de paz mientras aleccionaba a guerrilleros que atentaban contra el régimen con las armas en la mano? Estados Unidos se desentendió de sus propios agentes que eran españoles pero habían sido armados y aleccionados por la OSS en una operación desastrosa que les llevó a la prisión y a la muerte. La Embajada se mostró sorda ante los numerosos y desesperados gritos de socorro que recibió.

Otro hecho que puso a prueba las relaciones de los dos estados tuvo lugar con la preparación de la invasión del África francesa por parte de los aliados y unos supuestos planes de ocupación de las islas Canarias que nunca se llevaron a cabo, aunque sembraron desconfianza y temor mutuos.

En esta ocasión, el embajador Hayes hizo llegar a «S. E. el Jefe del Estado y Generalísimo de los Ejércitos», según cita literal, una declaración «autorizada personalmente por el Presidente de los Estados Unidos y Jefe Supremo del Ejército y de la Marina americanos». En ella se daban garantías de respeto a la integridad territorial española y de hacer lo posible para evitar que España se viera empujada a la guerra. Además, se rechazaban las actividades que se desarrollaban en el interior de Estados Unidos para perjudicar las relaciones entre el pueblo español y el americano.

Este es un punto interesante, puesto que nos remite a la tarea en la que se empeñaban los agentes de la Casa Americana y no siempre encontraba eco favorable al otro lado del Atlántico. La declaración citada comenzaba con un párrafo tremendamente ilustrativo.

Los artículos y juicios de ciertas organizaciones que recientemente han aparecido en la prensa americana abogando por la ruptura

> *de las relaciones diplomáticas con España no representan en modo alguno la política del Gobierno de los Estados Unidos de América.*

Sectores progresistas eran de esa opinión y, por añadidura, la publicaban. Robert Kieve nos pone en la pista de un periódico que se distinguió por sostener esa tesis y perseverar en ella.

> *Antes de llegar a España leí mucho sobre la política americana respecto a España. Había un periódico llamado* PM *que atacaba esa política casi cada día. Si Franco era aliado de Hitler y Mussolini, se debían romper relaciones diplomáticas.*

PM New York Daily no solo fue beligerante contra la dictadura de Franco, sino que dedicó una permanente atención a los asuntos de nuestro país. Era un periódico neoyorquino que debía el nombre a su condición de diario de la tarde, vespertino, *post meridiem, PM.* Salió a la calle en 1940 y ya en uno de sus primeros números de fecha 14 de junio, el nombre del dictador aparecía en portada. Mandaba en grandes caracteres el titular que anunciaba la entrada de los nazis en París ese mismo día. Y tras él, noticias de la guerra, la captura de Le Havre por los alemanes y el desmoronamiento de la Línea Maginot. El tercer titular de primera página decía que Franco había tomado Tánger. En páginas interiores se refería a las aspiraciones colonialistas de Franco, que pretendía ocupar el norte de África ante la creencia de que Alemania, de la cual era notorio partidario, ganaría la guerra. La ocupación de Tánger fue un primer paso que, por cierto, sentó mal en Berlín, puesto que se trató de un movimiento sin autorización previa. De todas formas, los sueños imperiales del general no se cumplieron.

PM era un diario ilustrado profusamente, las fotografías fueron sus señas de identidad. Se proclamó diario liberal e independiente que, incluso, rechazaba la publicidad en sus páginas. La lucha por la libertad figuraba en su ideario. Las crónicas y artículos no solo trataban sobre cuestiones de política interior e internacional, también sobre aspectos de la vida social, cultural y artística, y, en fin, las informaciones que ampliamente recogía sobre conflictos laborales le dieron un gran prestigio. El paso del tiempo no ha borrado la impresión de que había surgido una publicación de gran influencia en la ilustración norteamericana de la época. Colaboraron grandes figuras del periodismo y la literatura del momento: Hemingway, Dorothy Parker, Dashiell Hammett, Lillian Hellman. Todos ellos notorios antifascistas. Recibió ataques de medios conservadores que le adjudicaron la etiqueta de comunista, el eterno argumento descalificador. Aunque inicialmente contó con un importante apoyo financiero, nunca logró una tirada de ejemplares suficiente para mantener la publicación más allá de 1948, año de su desaparición.

Es preciso tener en cuenta que en los años cuarenta del pasado siglo no se había borrado el movimiento en defensa de la República española nacido durante la Guerra Civil e impulsado, desde Nueva York y Hollywood principalmente, por amplios sectores progresistas. Nombres de gran brillo y popularidad contribuyeron a mantenerlo vivo. Cineastas, actores y realizadores como Fredric March, James Cagney, Ernest Lubitsch, Franchot Tone, Fritz Lang, etc., y escritores como el mismo Hemingway y John Dos Passos, que habían sido corresponsales de guerra en Madrid, escribiendo sus crónicas bajo los bombardeos en la Telefónica, el centro de comunicaciones para los periodistas extranjeros. Y también Alvah Bessi, que en 1940 ya había publicado su libro *Hombres en guerra*, en el que narraba su participación en la contienda española como integrante de las Brigadas Internacionales junto a tres mil americanos generosos, de los que solo regresaron mil doscientos tachados a menudo de aventureros y comunistas por los medios conservadores.

Hemingway, Dos Passos y Lillian Hellman, y el también escritor y poeta Archibald MacLeish, habían escrito y producido la película *Tierras de España*, realizada por el holandés Joris Ivens sobre un país, España, desgarrado por una guerra provocada por un golpe militar. Todos ellos mantenían la llama antifascista, antifranquista.

PM New York Daily, diario neoyorquino de tarde, independiente y a cinco céntimos de dólar el ejemplar, no era del agrado del presidente de Estados Unidos, quien así lo comunicó al mismísimo Francisco Franco en una nota oficial. Y, desde luego, no contó con las simpatías de la Embajada en Madrid y de la Casa Americana, cuyos funcionarios batallaban por conseguir el beneplácito de la opinión pública española.

En esta batalla incruenta pero fundamental, como lo es la propaganda destinada a influir en la opinión de los pueblos, estuvo implicado Manuel Aznar Zubigaray, amigo de Emmet Hughes, jefe de Robert Kieve, el «propagandista americano» que era amigo y colaborador a su vez de Manuel Aznar Gómez Acedo, jefe de programas de Radio Madrid e hijo del primero. Como ha quedado dicho, el embajador Aznar fue enviado a Estados Unidos con la misión de organizar una campaña que intentara combatir el descrédito que la dictadura sufría en Estados Unidos y que se reflejaba en medios de comunicación como el periódico *PM*. Y no solo eso: junto a Manuel Halcón hizo lo contrario, participar en una operación periodística proaliados a través de los diarios *Ya* y *La Vanguardia*. Toma y daca para obtener el favor de las gentes. Por entonces, en este caso, ya no interesaba aparecer tan radicalmente pronazi de manera oficial.

VI. El final de la aventura

Goodbay

El 20 de septiembre de 1945, Harry Truman, presidente de Estados Unidos, ordenó la disolución de las agencias de espionaje de ese país. Era evidente que habían actuado por lo menos de forma errática, desordenada y aventurera, y, en ocasiones, con consecuencias trágicas. Era necesaria una reorganización. Truman, vicepresidente, había sustituido a Franklin Delano Roosevelt, muerto en abril de ese año. Tomó la terrible decisión de ordenar el lanzamiento de dos bombas atómicas sobre las ciudades japonesas de Hiroshima y Nagasaki los días 6 y 9 de agosto. El 14 de agosto, Japón anunció la rendición incondicional que firmó el día 15. La Segunda Guerra Mundial había terminado y para celebrar tal motivo Norman Corwin realizó un memorable programa de radio para la CBS. Oficialmente, las organizaciones OSS y OWI dejaron de existir. En Washington comenzó una lucha entre distintos departamentos de estado para hacerse con la dirección de una nueva y definitiva agencia para la acción exterior, la CIA o Agencia Central de Inteligencia.

Las bases de las organizaciones OSS y OWI fueron desmanteladas. Según especifica Tim Weiner en su libro *Legado de cenizas. La historia de la CIA*, las estaciones europeas «de Londres, París, Roma, Viena, Madrid, Lisboa y Estocolmo perdieron a casi todo su personal». Decayó la importancia de la Oficina de Información de Guerra instalada en la Casa Americana. En los meses siguientes se produjo la pérdida de gran parte de su personal. Emmet Hughes, el gran jefe de prensa de la Embajada, dejó Madrid y se instaló en Roma como jefe de la delegación de *Time-Life International*, y continuó su carrera periodística en Berlín (año 1948) y en Nueva York después como editor de *Life Magazine*.

La desbandada afectó a Robert Steiner Kieve, liberado de las labores de propaganda que venía realizando en la emisora madrileña. Pero la radio siguió siendo el centro de sus aspiraciones. En diciembre de 1945, publicó el libro *El arte radiofónico* espoleado, según su propio testimonio, por Mary Frances Hughes, esposa de Emmet, dato que revela el grado de cercanía y amistad que mantenía con su jefe y que perduró en el tiempo cuando ambos —Kieve reclutado por Hughes— ejercieron funciones de propaganda en el Gobierno norteamericano durante la administración Eisenhower, para el que escribieron discursos y en cuyas campañas electores participaron.

El libro describe una serie de contenidos elementales para los que en esa época quisieran acercarse al hecho radiofónico. Sin duda, es una obra aprovechable para jóvenes que aspiraban a formar parte de un medio que ofrecía enormes posibilidades profesionales. A Kieve se le recordará por *El arte radiofónico* y por el concurso que la SER convocó bajo su dirección. Se llamó *Tu carrera es la radio* y pretendía descubrir nuevos valores en el campo de la actuación y la escritura de guiones sobre todo. De él salió un grupo de intérpretes que hicieron más grande aún el Cuadro de Actores, fundamentalmente porque los actores y actrices que descollaron fueron los que rescató del concurso Antonio Calderón, que no perdía de vista a aquellos jóvenes que comenzaban a abrirse un camino y cuyas voces consideró aprovechables. Perduraron en el tiempo y así se les recuerda: Javier Dastis, Juana Ginzo, Pedro Pablo Ayuso, Joaquín Peláez, Maribel Sánchez, Julio Varela y Vicente Marco, entre ellos, que se unieron a las estrellas del momento: Carmen Arenas, Maribel Alonso, Teófilo Martínez, Ramiro Muñoz, Luis Sánchez Polack, Joaquín Portillo, etc. Guillermo Sautier Casaseca, autor de *Lo que no muere*, escrito con Luisa Alberca, y *Ama Rosa*, con Rafael Barón como coautor, fue el guionista más destacado de todos los surgidos en aquella operación. Esos nombres pasaron a formar parte del grupo de Calderón y fueron apreciados por él, aunque no sintió aprecio por la obra de Sautier.

Robert Kieve renunció a un puesto en la Embajada de EE. UU. en Madrid y preparó el regreso a su país acuciado por la presión de sus padres. Por la misma razón, si seguimos sus declaraciones, rechazó una propuesta de la SER para continuar en la empresa desempeñando un cargo que le permitiría actuar sobre la programación y cualquier área relacionada con ella, incluida la publicidad. Su amigo Manuel Aznar Gómez Acedo le apoyaba en todo momento.

En una larga conversación telefónica, mi padre me convenció de que no era bueno permanecer lejos de Estados Unidos, que debía volver para continuar mi carrera, que si me quedaba en España mi regreso sería más difícil. Era un buen consejo.

A finales de enero de 1947, viajó a Roma para despedirse de Emmet Hughes. Regresó a Madrid, preparó su despedida, tomó un tren que le llevó a París y desde la capital francesa viajó a Cherburgo, donde embarcó rumbo a Nueva York. Dejó muchos amigos.

Fue un día triste. El mismo día de mi regreso murió el padre de mi buena amiga Gloria Palacios Alba.

El 9 de febrero fue la fecha en la que murió Luis Palacios Pelletier, farmacéutico y periodista, fundador y propietario de los Laboratorios Pelletier, colaborador de los periódicos *El sol, El debate* y otros, miembro de Academias de Farmacia y Medicina, y autor de libros de su especialidad.

Kieve nunca perdió el contacto con directivos de la emisora española. Los que trabajaron con él le recuerdan por su simpatía, su facilidad para relacionarse y hacer amigos, sin duda una cualidad necesaria para desempeñar su misión, y cuentan con extrañeza una rara afición: aprendió a tocar las castañuelas.

No le gustaba el flamenco hasta el día en que Manuel Rodríguez Cano, ingeniero de la casa que más tarde fue jefe de programas, le invitó a una función de la compañía de La Argentinita, nombre artístico con el que se conocía a Encarnación López, bailaora, cantante de cuplés, amiga de García Lorca y Rafael Alberti, considerada musa de la Generación del 27, hermana de la bailaora Pilar López, que era a su vez esposa de Tomás Ríos, director de una orquesta que actuaba habitualmente en los programas de Radio Madrid. Y le gustó el espectáculo en el que aparecía el bailaor norteamericano de origen hispano José Greco. Rodríguez Cano le presentó a Greco en un entreacto. Kieve reprodujo así el diálogo:

Yo no le creía, pero Manolo me condujo detrás del escenario para saludar a Greco. Le dijo: «Mi amigo Bob Kieve es también norteamericano, trabaja en la Embajada». Y en un acento puro de Brooklyn respondió: «Ah, What part of the States do you come from? I'm from Brooklyn» (*¿De qué parte de EE. UU. eres? Yo soy de Brooklyn*).

Fue el comienzo de una gran amistad que duró hasta la muerte del bailarín, pero se prolongó con la mujer y los hijos del amigo. Le gustó tanto el flamenco que decidió aprender a tocar, no la guitarra como hacen tantos, sino las castañuelas. Su amiga Gloria Palacios le presentó a su profesora, Francisca González, conocida en el mundo del espectáculo como La Quica, quien, por su mediación, entró a formar parte de la compañía de José Greco. El caso es que los que recuerdan aquellos acontecimientos cuentan que era una afición obsesiva. En lugares y momentos no previstos sorprendía con furiosos repiques de castañuelas. Incluso conducía temerariamente por las calles de Madrid mientras manejaba tan peculiar instrumento.

El día 24 de mayo de 2020, Robert Steiner Kieve, el «propagandista» de la Casa Americana, falleció a los noventa y ocho años en San José (California), la ciudad en la que finalmente y durante muchos años ejerció como destacado empresario del mundo de la radio, y donde, sus palabras lo certifican, ofreció más de un concierto de castañuelas en la sede de organizaciones empresariales de las que fue socio distinguido.

Discos de acetato

La Segunda Guerra Mundial y la acción exterior de Estados Unidos habían impulsado a Kieve a hacer un largo viaje. Tan poderosos motivos habían desaparecido y llegó la hora del regreso. Su marcha no dejó ningún vacío, la programación asumió sin problemas la ausencia de sus espacios. Desde el punto de vista radiofónico, su paso por la emisora —apenas tres años— no tuvo consecuencias destacadas. Sin embargo, dejó huellas que reconocen su antigua presencia. Su nombre surge cuando se recuerda el origen de un grupo de actores y algún guionista procedentes de *Tu carrera es la radio*. Y también cuando se anota la fecha y circunstancias del primer programa que Radio Madrid grabó en sus estudios para ser emitido.

El equipo de colaboradores se fue diluyendo en la ya poderosa estructura de la Cadena SER. El dúo Pototo y Boliche se deshizo: Manolo Bermúdez siguió con su trabajo de actor y director de dramáticos y Eduardo Ruiz de Velasco fue nombrado director de Radio Bilbao. De los que le acompañaron desde la Casa Americana, el escritor José Méndez Herrera aún permaneció un tiempo y el técnico Carlos González se quedó hasta su jubilación. Calderón siguió a lo suyo, creando y llenando de contenidos ambiciosos la programación. Por entonces ocurrió un hecho cuyo desenlace puso de manifiesto la poderosa influencia y el enérgico carácter de Calderón. La narración de lo ocurrido es suya: Méndez Herrera hizo una adaptación de los *Episodios nacionales* de Pérez Galdós y estaba previsto que la dirección estuviera a cargo de Ruiz de Velasco con el apoyo de Bermúdez como director de la compañía de actores necesarios para el proyecto. La operación, aprobada por Aznar, iba a ser presentada como «una producción Menruiber» (de Méndez, Ruiz y Bermúdez) y se emitiría grabada aprovechando la conexión con la Casa Americana, que proporcionaría la máquina grabadora de discos de acetato. Sería la primera emisión grabada de la historia de Radio Madrid y de la SER antes de la llegada de las cintas magnetofónicas.

Calderón se opuso y con la ayuda de Antonio Fontán, director de Radio Sevilla y subdirector general de la compañía en ese momento, desbarató el plan y triunfó la tesis según la cual todo aquello que saliera de la antena de la SER tenía que llevar el encabezamiento clásico y necesario: «La Sociedad Española de Radiodifusión presenta…». Hubo mucha discusión y polémica, y finalmente se hizo cargo de la dirección con unos guiones que no le convencían. La adaptación era obra de un poeta, Méndez Herrera, que en su opinión no encajaba con la poderosa prosa de Galdós. Pero Calderón, ya se ha dicho, era un director-autor que, además, había advertido del riesgo de emitir una obra sin el suficiente marchamo de calidad exigido habitualmente por la SER. No es aventurado afirmar que intervino en acomodar el texto final a su modo de entender lo que debía de ser aquella serie que, una vez más, supuso un importante capítulo en la historia de los espacios dramáticos seriados. No hubo lugar para producciones ajenas y tampoco para las que se gestaban incluso dentro de la propia empresa.

En este punto, Antonio Calderón siempre tuvo interés en subrayar su buena disposición hacia Manolo Bermúdez y su respeto por el escritor José Méndez Herrera, del que le sorprendía, por encarnar estilos tan distintos, su cercanía con Sautier Casaseca, el guionista surgido de *Tu carrera es la radio,* por el que no sentía respeto profesional y que identificaba con «la antirradio» triunfante durante años con seriales de contenido carca y lacrimógeno, aunque muy bien construidos y de una gran popularidad y audiencia.

Ruiz de Velasco, Bermúdez y Méndez Herrera habían sido el núcleo central del equipo de Kieve y en su proyecto de *Los episodios nacionales* contaban con una máquina grabadora de las que se utilizaban en la Casa Americana para registrar mensajes procedentes de estaciones de la OWI y la OSS desde distintas partes del mundo y de su central en Nueva York. Y aquí entra en escena de nuevo Carlos González, que había aprendido la técnica de la grabación en aquel artilugio que, según su testimonio, había llevado Kieve a Radio Madrid antes de su viaje a Estados Unidos. Carlitos era un experto y, por lo tanto, se le encomendó esa misión a partir de la cual consolidó su presencia en la emisora. Calderón lo explicó así:

> *¡Carlitos González! Ahí surgió Carlitos González. La grabación era difícil y problemática. Si había una equivocación no se podía borrar, si se quería rectificar había que comenzar la grabación de nuevo. No era como la cinta magnetofónica que se corta y se pega. Además, del surco que abría la aguja o estilete en la superficie del disco donde quedaba grabado el sonido se desprendía una viruta gorda y pegajosa que había que enrollar en un dispositivo. Aquí Carlos hizo milagros.*

Dio un paso más y pensó que debía existir un sistema para que el trabajo no resultara tan fatigoso. Fue Antonio Melero, el ruidero que se había calzado los zapatos de *Pasos* y provenía del sector metalúrgico, el que construyó un mecanismo que recogía la viruta de marras impulsada por un pequeño soplo dado por el propio González. Carlitos fue un inteligente técnico y la grabación no tuvo secretos para él. Practicó con el magnetófono de alambre de cierta eficacia periodística y militar durante la Segunda Guerra Mundial, puesto que permitía borrar y regrabar. Sin embargo, su utilización no fue duradera; el sonido que reproducía era agudo y un tanto distorsionado, y el finísimo alambre enrollado en un carrete iba a gran velocidad, por lo que se rompía con facilidad y había que empalmar los extremos haciendo un nudo con ellos tras destemplarlos con un pequeño soplete o simplemente con la punta de un cigarrillo. En su currículo figura un acontecimiento destacable que contó con orgullo.

Creo, y lo tengo a gala, que fui el primer operador que hizo el primer empalme de una cinta magnetofónica rota y cuya grabación salió por las ondas después de la reparación.

Detrás de la orgullosa afirmación, hay un acontecimiento de gran significado porque refleja el avance de la técnica y su aplicación en los modos de producción radiofónica: la aparición de la cinta magnetofónica y su manejo.

En 1946, el año que nos ocupa, se fundó en Tánger la Sociedad Africana de Radiodifusión y Radio Tánger, nombres que necesariamente hay que asociar a la SER (Sociedad Española de Radiodifusión) y a sus crecientes emisoras, que iban adoptando el nombre de la ciudad desde donde emitían sus programas. Contaba con emisiones regulares en español, francés y árabe, y desde allí llegó a Madrid el primer magnetófono de cinta. En España había escasez de materiales de todo tipo y un raquitismo industrial del que no se libraba la radio, además de la imposibilidad de importar aparatos, repuestos y fornituras. Tánger, la ciudad internacional que había sido tomada por Franco en 1940 provocando el enfado de Hitler, que en ese momento llegaba a París, era una excepción. La penuria y la necesidad agudizan el ingenio y desde la capital española se enviaban hasta allí aparatos de radio, instrumentos de control y otros dispositivos que necesitaban ser reparados, ya que, en aquella población abierta al comercio, era fácil encontrar las piezas necesarias. Con los permisos pertinentes, todo volvía a la emisora central convenientemente recompuesto. Y, alguna vez, lo que volvía no era precisamente lo que se enviaba. Un buen día, el artilugio que los socios de Tánger devolvieron escondía un magnetófono. Carlos González lo recordó así:

Y en una de esas enviaron un aparato con todo su interior roto, piezas y válvulas rotas para reparar, y devolvieron un chasis que pasó la aduana y en su interior venía un magnetófono con una cinta, una sola cinta de papel, un papel muy fuerte con su emulsión pegada, claro. Y vimos que aquello iba a ser definitivo. Se llamaba Espejo de Sonido.

Soundmirror (Espejo de Sonido) era su nombre original comercializado por la casa Brush, como ya hacían Ampex y otras empresas a partir de modelos fabricados por marcas alemanas como AEG aún antes de la Segunda Guerra Mundial. Ya en Madrid, lo primero que se grabó en la única cinta recibida fue un microespacio patrocinado por Galerías Preciados. Solo se disponía de una cinta para grabar y, una vez emitido su contenido, se borraba para seguir grabando. Se cuidaba como un tesoro. Hasta que un día, quizás escuchando el sonido registrado, Manuel Rodríguez Cano, jefe de programas, puso sin querer una mano encima, rompió la cinta y dijo que se arreglara el desaguisado. Carlos fue a los almacenes Sepu, que ocupaban la planta baja del edificio de Radio Madrid, compró un rollo de papel engomado, volvió a subir y pegó los extremos. Cuando la cinta pasó de nuevo por el cabezal reproductor del magnetófono, se apreció un pequeño salto en el empalme, pero, ante la expectación de los presentes, se había conseguido salvar el contenido. La técnica de cortar y pegar se fue perfeccionando sobre todo con la llegada de las cintas fabricadas con material plástico recubierto por una capa de óxido de hierro, que permitieron registrar programas enteros para ser emitidos sin el peligro de las equivocaciones en directo, ya que era posible grabar y regrabar una y otra vez, e incluso cortar errores y defectos sin necesidad de volver de nuevo al inicio como obligaban a hacer los discos de acetato y su exasperante viruta.

En esos discos se grabó el serial de *Los episodios nacionales*, otra obra que hay que anotar en el impresionante historial de Antonio Calderón. Con ella se ponía el punto final a la presencia de Robert Steiner Kieve, cuya estela se fue difuminando hasta convertirse en un hecho borroso que la distancia ayudó a convertir en historia, casi mito.

En mito y leyenda se convirtió *Pasos*, que nació como respuesta a aquella afirmación del americano según la cual los ruidos de pasos y de puertas que se abren y se cierran no son radiofónicos. El guion desapareció. Ahora se ha encontrado y con él la percepción cierta del genio de uno de los grandes creadores de la radio española. Hizo del medio lo que ahora es. Es preciso recordar y repetir sus palabras al echar la vista atrás y rescatar lo ocurrido en aquellos años fundacionales.

Todavía se plantean a diario los curiosos o interesados en el mundo radiofónico la pregunta de si esta radio es o no válida, si está o no pasada, si, en suma, es vieja. Bueno, pues digo que es vieja, pero en cambio es válida como antecedente y como parte integrante de un proceso, porque, al fin y al cabo, más o menos pasada o decadente eso es radio aún, entendida tópicamente.

Antonio Calderón murió en Madrid el día 6 de octubre del año 2006.

VII. Epílogo

Calderón y yo

Comenzó el mes de enero del año 1972 y Antonio Calderón me citó en su despacho. Lo hizo a través del periodista Manuel Martín Ferrand, que antes me había llamado por teléfono para preguntarme si quería trabajar con él en un programa de radio que iba a comenzar pronto. Se llamaría *Hora XXV* y estaba completando el equipo. Conocí a Manolo, como amistosamente llamábamos a Ferrand, porque con tal motivo le había hecho una entrevista para la revista *Ondas*, de la que yo era colaborador. Ya se rumoreaba que la empresa sería trascendente. Había mucha expectación. De aquella entrevista solo recuerdo el titular principal: «Manuel Martín Ferrand. 105 kilos de buena voluntad». Un juego que contenía el dato cierto del peso del periodista y su contagiosa y decidida voluntad de llevar a cabo la misión que la SER le asignaba.

El día señalado me presenté en la planta novena de Gran Vía 32, sede de Radio Madrid, y pregunté por don Antonio. Alguien me condujo a su despacho. Conocía el escenario porque allí se encontraba la delegación de *Ondas* en Madrid, de la que se encargaba el periodista Basilio Rogado, redactor jefe de la emisora, y en la que llevaba un tiempo colaborando. La revista se editaba en Barcelona, la había resucitado Radio Barcelona, y era un eco lejano, muy lejano, de aquella otra del mismo nombre que fue la publicación oficial de Unión Radio, antecedente de la SER, antes de que perdiera su nombre tras la guerra y fuera invadida por las tropas de Franco.

La planta novena no era solo el lugar donde se alojaban los despachos de los directivos. También había un minúsculo bar, una pequeña sala de espera, un habitáculo que alojaba una redacción de tan escasos componentes que era difícil imaginar la guerra que iban a dar en aventuras radiofónicas inolvidables. Y el Estudio Uno, el gran estudio donde se grababan los dramáticos que dieron prestigio y esplendor a la cadena. Uno de los reinos de Calderón.

Me recibió de pie, en ningún momento me invitó a sentarme. Tampoco lo hizo él. Fue breve y preciso. No gastó ninguna amabilidad. Era un asunto de trabajo. Me explicó cómo sería el programa y cuál sería mi función: reportero, guionista y más, porque allí había que hacer de todo. Concretó hasta el más mínimo detalle, incluido el sueldo, el precio de mi colaboración, que se me antojó poco generoso, pero que acepté sin condiciones porque no estaba en situación de imponerlas y el pluriempleo era cosa habitual en aquellos tiempos.

Tenía veintiséis años y pude comprobar inmediatamente que aquella operación informativa que se ponía en marcha en una época en que la información era aún una aventura peligrosa era obra enteramente suya. Luego se supo que nació con las reticencias de algunos sectores de la empresa. El departamento de Publicidad no confiaba en que esas horas de emisión fueran rentables y en otros despachos se transigió porque la medianoche no ofrecía ningún riesgo comercial o programático. Una vez más, Calderón se adelantó, porque supo ver lo que estaba por llegar e insistió en la necesidad de que la radio se armara con las herramientas necesarias para convertirse en lo que luego fue una poderosa entidad informativa. La brecha estaba abierta y se sumaba al resquicio que ya había supuesto *Matinal* en horas tempranas, otro empeño suyo, una decidida y ambiciosa pretensión que, con mucho esfuerzo y tenacidad, le llevó a llenar de contenidos aquella emisora desde el mismo momento en que Unión Radio, convertida ya en Radio Madrid, se liberó de la ocupación de Radio Nacional al finalizar la Guerra Civil.

Una segunda cita a solas en su despacho tuvo lugar a punto de comenzar el mes de agosto de ese mismo año. Fue una entrevista tormentosa. Como todos los demás, había trabajado duro en *Hora XXV*, un programa ya consolidado a pesar del poco tiempo transcurrido, y esperaba descansar en el periodo de vacaciones. Mis planes se vinieron abajo. Me quedaría en Madrid sustituyendo al presentador de *Matinal* (no recuerdo quién era en ese momento), que sí tenía derecho al descanso de verano. Intenté negociar, medio mes, quince días, una semana de permiso. Conocí a aquel que decían que era un tipo duro y me sumé a los muchos que le creían temible. Le amenacé con mis derechos laborales y me respondió que si me iba no volviera. Se mantuvo firme y solo movió ligeramente el fino bigote, y detecté un casi imperceptible tic nervioso en una pierna. Con el paso de los años, comprobé que esos eran síntomas inequívocos de impaciencia y disgusto.

Antes de todo eso, conocía quién era Calderón, pero aún no estaba informado con exactitud de la magnitud de su personalidad radiofónica. Me puse al corriente poco a poco. Un buen día, me sorprendió leyendo su ensayo *La radio medio de expresión* y hablamos sobre esa cuestión. Digo que me sorprendió porque estaba concentrado en la lectura y no advertí su presencia hasta que me preguntó si se entendía aquel texto, no si yo lo entendía, sino si se entendía lo que él mismo había escrito. Un gesto de humildad que, como tantos otros, desmentía la pretendida fiereza con que le adornaban algunos.

Leí guiones suyos como *La partida*, de 1965, un drama carcelario, la historia de un condenado que espera la muerte, una partida de ajedrez cuyos movimientos son reales y se desarrollan exactamente en el tiempo que dura la ficción —sesenta minutos—, un relato pleno de ironía, humor y pesimismo que avanza y retrocede en el tiempo mediante sutiles *flashbacks* que narran un amor trágico. Una obra maestra. Pura radio. Y en nuestras conversaciones siempre estaba presente el fantasma de *Pasos*, que nunca conseguí y luego se perdió calcinado por el fuego. Le vi dirigir y me dirigió. Me colaba silenciosamente en el control desde donde realizaba un dramático, me aplastaba en un rincón y me toleraba ante la sorpresa de los presentes, un hecho inaudito. Quiero decir que había una relación especial aunque distante todavía. En uno de los periódicos enfados de la dirección ante lo que consideraba excesos de los informativos (digámoslo así), fui removido hacia otro programa. Calderón se encargó de la situación porque también se le utilizaba como apagafuegos. Aparecía todos los días y me dirigía como le había visto dirigir en el Estudio Uno. Nunca intervino en los contenidos pero aquello era radio y el lenguaje radiofónico servía igualmente para una obra de ficción y para un espacio de noticias.

También él pasó momentos difíciles y de desánimo. No pocas veces le visité en un cuartucho donde le marginaron en una ocasión que yo recuerde, hasta que de nuevo fue necesaria su presencia en los asuntos normales de la empresa. Allí escribía a mano con una letra pequeña y ordenada textos que luego pasaba a máquina una secretaria. También aparecía por allí la actriz Juana Ginzo, que me ayudó a completar el retrato humano de Calderón. Lo conocía bien, había trabajado con él desde 1946 y ya participó ese año en la emisión de *Pasos*. Le llamaba «baranda», expresión que en el lenguaje carcelario nombra al jefe del penal y en caló significa eso precisamente, jefe, persona con autoridad. Juana es originaria de barrios populares de Madrid donde era frecuente adoptar palabras del argot y la forma de hablar en ambientes marginales. No le disgustaba ese trato de confianza, no era tan duro de pelar.

Mantuve con él mil conversaciones sobre la radio y sobre la vida, y, ya jubilado, le visité en numerosas ocasiones en su piso de la calle Princesa de Madrid, en el barrio de Argüelles. Hasta poco antes de morir. Dejaré a un lado intimidades y confesiones, incluso mutuas muestras de cariño. Sin embargo, debo dejar escrito que, en alguna ocasión, ante algún acontecimiento concreto, adoptó posturas favorables a mi concepto de lo radiofónico, que se asemejaba al suyo y que no encajaba con las pretensiones de la dirección de la empresa. Digámoslo de esa manera. Estoy seguro de que tal cosa sucedió, aunque él nunca lo confesó. No era su estilo.

Mi reconocimiento y admiración por la figura de don Antonio Calderón saldrán reforzados si destapo enormes diferencias que nos separaban en lo ideológico y, a pesar de lo cual, no interfirieron en nuestra relación. O quizás sí ocurrió al final de su vida, aunque nada me dijo y yo no le pregunté. Hubo un periodo de silencio y, como lo conocía bien, sospeché que no le gustaron escritos que publiqué junto a Juana Ginzo sobre los años dorados de la radio, cuando su genio creció y creció hasta convertirse en motor de aquella histórica explosión creativa. Y así quedó escrito en un libro. Si utilizamos una terminología entendible por todos, se puede decir que era de talante político conservador y yo no. Al contemplar el fenómeno de la radio de aquellos años y escribir sobre él, me alejo del idealismo de considerarlo como un hecho al margen del tiempo y el lugar en el que se desarrollaba. Por el contrario, creo firmemente que el desarrollo del medio, incluso la brillantez de lo que estaba ocurriendo en su seno, tenía que ver con las circunstancias políticas y sociales del momento que espolearon, incluso a su pesar, su deslumbrante evolución. Y dentro de aquel reducido ambiente no todo era plácido y plano. Había fuerzas e ideas contradictorias, se registraban choques que hicieron avanzar el concepto de lo radiofónico.

El franquismo era un régimen ilegítimo y criminal que condicionó todos los aspectos de la vida. A pesar de eso, los creadores de la radio se las apañaron para abrir rendijas por donde entraran ráfagas de un futuro distinto. Calderón era uno de ellos. El más grande. Además, elaboró toda una teoría sobre las mutaciones que el medio era capaz de llevar a cabo según las circunstancias le obligaban a ello. Pero las contradicciones están en la naturaleza de las cosas y de las personas. En su obra más creativa, en los espacios de ficción, en los dramáticos que escribió y promovió, propios y ajenos, evitó llevar al micrófono sus propias convicciones políticas, al contrario de lo que hicieron algunos de los más famosos autores de radioteatro y seriales. De ahí su lejanía al estilo de Sautier y otros. Su batalla creadora al escribir era la ficción pura y dura, sin aditamentos.

Por supuesto, en sus conversaciones no ahorraba comentarios sobre acontecimientos y personajes. Algunos podrían parecer sorprendentes. Su ideología, por ejemplo, no le impedía mostrar simpatía por anarquistas como Durruti y, sobre todo, Cipriano Mera. Este jugó un papel importante en las conversaciones para la rendición de Madrid en 1939, protagonista también en el llamado golpe de Casado y la represión anticomunista desatada tras él. Es preciso recordar que las emisoras clandestinas de la llamada Quinta Columna (Calderón colaboró con una de ellas) intervinieron en el intercambio de mensajes entre los restos de la República y el cuartel general de Franco. Su pensamiento tampoco le impidió denunciar el ideario de la Falange y los falangistas. Contó con todo lujo de detalles su desagrado ante la intervención fundacional de José Antonio Primo de Rivera en un teatro de Madrid, a donde acudió acompañando a un amigo. Abandonó la sala porque «la dialéctica de los puños y las pistolas» estaba muy lejos de sus propósitos vitales. Es más, la intervención del partido fascista durante la guerra y después consolidó su apreciación de rechazo y desprecio inicial. Creía que el Estado estaba facultado para ejercer la violencia a través de sus instituciones —y el ejército era una de ellas—, pero no mediante los crímenes de bandas parapoliciales, partidas criminales que, como es sabido, llenaron de cadáveres cunetas y fosas por todo el país. Es obvio subrayar aquí que las instituciones de aquel régimen nacieron por la violencia de un golpe militar apoyado por fuerzas reaccionarias que derribó un gobierno legítimo y fue la causa de una guerra civil.

¿Diferencias con Calderón? Muchas. Pero, en cierto modo, sigo sus teorías sobre las «radiomutaciones», la explicación del hecho radiofónico y su evolución a través del tiempo según las transformaciones de la propia sociedad y sus circunstancias. Incluida la coyuntura política, que en 1946 era la propia de una dictadura militar.

Así he querido reflejarlo en las páginas anteriores, como también he querido que quedara constancia de mi amistad y admiración hacia un personaje irrepetible, el gran creador, el inventor de tantas cosas, al que aún hoy, ya desaparecido, respeto como se merece un maestro.

VIII. Anexo

Pasos, guion

Programa: *HISTORIAS DE MEDIANOCHE*
Título: *PASOS*
Día: 12-10-46
Hora: 23:30
Ensayo: Día 12 a las 20:00
Autor: Percy Brown (A. Calderón)
Directores: Velasco-Calderón

REPARTO

DIRECTOR: Seijo
PORTERO: X
CHOFER: X
PORTERA: J. Carreras
ETHEL: Carmita Arenas
TELEFONISTA: X
BOOD: X
PRESTAMISTA: Portillo
MUJER: Lolita del Pino
EMPLEADO: Gamarra

INSTRUCCIONES GENERALES PARA MONTAJE

Escena 1.ª. El Director se encuentra sentado detrás de la mesa de su despacho en el momento de entrar Graig. Este se situará en una silla situada frente a la mesa. El Director se levanta echando hacia atrás el sillón que ocupa y dando la vuelta a la mesa, se va acercando hasta situarse junto a Graig.

Programa: *HISTORIAS DE MEDIANOCHE*
Título: *PASOS*
Día: 12-10-46
Hora: 23:30
Ensayo: Día 12 a las 20:00
Autor: Percy Brown (A. Calderón)
Directores: Velasco - Calderón

LOCUTOR DE SERVICIO.— Transmite Radio Madrid, Emisora Central de la Sociedad Española de Radiodifusión.

SONIDO.— SINTONÍA Y CAMPANAS.

LOCUTOR DE SERVICIO.—Van ustedes a escuchar *Historias de Medianoche. PASOS*, versión radiofónica de la narración de Percy Brown, titulada *El Mudo*.

SONIDO.— RESUELVE SINTONÍA AMBIENTE DE CONVERSACIÓN EN UN TERCER PLANO. PASOS SOBRE MÁRMOL QUE SE ACERCAN HASTA LLEGAR

A P. P. ENTONCES LLAMADA CON LOS NUDILLOS EN UNA PUERTA.

DIRECTOR.— (INTERIOR) Pase.

SONIDO.— PUERTA QUE SE ABRE Y SE CIERRA. (PICAPORTE).

DIRECTOR.— (EN SEGUNDO PLANO DE DISTANCIA Y DESPUÉS DE UNA PAUSA) Ah, es Vd. Buenos días, Sr. Graig. Siéntese, siéntese. (P. P.).

SONIDO.— RUIDO DE SILLA Y PASOS LENTOS HASTA SITUARSE EN P. P. (ESCENA 1.ª).

Pues bien, amigo mío; ha llegado el momento. Está Vd. totalmente curado de su dolencia mental… Sí; comprendo su gesto, pero ya sabe que hemos hecho todo cuanto estaba en nuestra mano para que Vd. recobrase el habla. ¡No ha podido ser!… (ANIMOSAMENTE) Pero no se inquiete, Graig. En todo lo demás es usted un hombre normal. Además el cerebro humano sigue siendo un misterio impenetrable, y quién no le dice a Vd. que un día al sufrir cualquier choque, al percibir una sensación inesperada, en uno de esos registros insospechados del sistema sensorial, Vd. no vuelve otra vez al uso de la palabra. (P. P.) Su caso me ha interesado mucho, muchísimo. (IRÓNICAMENTE) Le trataron a Vd. como un enfermo peligroso, como un verdadero loco de atar. (RÍE SUAVEMENTE) Eso fue lo peor. Si desde el principio hubiese Vd. tenido el tratamiento adecuado a las especiales circunstancias de su enfermedad, quién sabe, quién sabe, si el éxito hubiera sido tan rotundo como yo deseaba. (P. P.) Una cosa le digo, Graig: cuente Vd. con mi ayuda y con mi asistencia, tanto como director del Wolf Medical Centre, como amigo. (P. P. ALGO FUERA DE MICRO) Le voy a entregar a Vd. este certificado. Creo que le servirá para conseguir de nuevo volver a su antiguo empleo. (P. P.) (OTRA VEZ EN PRIMER PLANO. CARIÑOSAMENTE) Usted es casado, ¿verdad?… Bueno, perdón, tengo aquí su ficha. (DE NUEVO ALGO FUERA DEL MICRO) Arturo Graig…, 35 años…, casado…, empleado… (DE NUEVO EN P. P.) ¿Tiene Vd. hijos?… Dos… ¿Pequeños?… ¡Ah, claro! Es Vd. joven. Pues bien, amigo mío, ojalá empiece para Vd. una nueva vida, y digo nueva porque desgraciadamente el Arturo Graig que sale hoy del Wolf Medical Centre es distinto al otro. (JOVIALMENTE) ¿Cree que guardará un buen recuerdo de nosotros?

SONIDO.— TIMBRE DE TELÉFONO EN PRIMER PLANO.

DIRECTOR.— Perdone usted (EN TERCER PLANO Y DESPUÉS DE UNA PAUSA) Sí, dígame… ¡Ah, muy bien, muy bien!… (HABLANDO EN APARTE) Bien, Graig, repito mis mejores deseos. Que tenga usted buena suerte. Adiós, adiós.

SONIDO.— DESPUÉS DE UNA BREVE PAUSA SE ABRE DE NUEVO UNA PUERTA. SE ABRE Y SE CIERRA CON PICAPORTE, PRECEDIDO DE ALGUNOS PASOS SOBRE TARIMA. EN EL MISMO INSTANTE DE SONAR LOS PRIMEROS PASOS…

DIRECTOR.— (HABLANDO POR TELÉFONO) Al habla el director del Wolf Medical Centre… Ah, ¿doctor Stivar? Bien, bien… Aguardo… Perfectamente.

SONIDO.— ESTE BREVE PÁRRAFO DEL DIRECTOR SE ESCUCHARÁ ÚNICAMENTE EN EL TIEMPO JUSTO QUE DUREN LAS PISADAS Y LA PRIMERA PARTE DEL EFECTO DE PUERTA Y QUEDARÁ CORTADO AL FINAL CON EL RUIDO DE LA PUERTA AL CERRARSE, EN CUYO INSTANTE ENTRA DE NUEVO EL EFECTO DE CONVERSACIÓN LEJANA Y PASOS SIEMPRE EN P. P. SOBRE MÁRMOL. DESPUÉS DE UN ESPACIO NO INFERIOR A 15 SEGUNDOS DURANTE LOS CUALES SE HABRÁ IDO ALEJANDO MUY DÉBILMENTE EL AMBIENTE.

PORTERO.— Qué, Graig; ¿otra vez a volar por el mundo? (CONFIANZUDAMENTE Y RIENDO) Vaya, muchacho, enhorabuena. Aquí entre nosotros, la verdad es que de Wolf Medical Centre salen pocos como tú, pues se van al cementerio, o tienen durante toda la vida una camisa de fuerza con dos loqueros y todo. (RÍE) Vaya, hombre, vaya. Y tienes mujer y tienes hijos, ¿verdad? Eso es bueno… Mira, te acepto este cigarrillo. No por interés, sino porque se me ha terminado a mí el tabaco. (HABLA CON EL PITILLO EN LA BOCA, COMO RECIÉN ENCENDIDO) Vaya, hombre, vaya. Pues muy bien, muy bien. Seguramente tú serás un hombre con una posición, y si mañana nos encontramos en mitad de la calle, ya ni querrás mirar al pobre Rocker.

SONIDO.— AUTOMÓVIL QUE SE ACERCA A POCA MARCHA Y AL LLEGAR A P. P. FRENA.

CHOFER.— (DESDE UN TERCER PLANO) ¡Eh, viejo! Abre esa puerta.

PORTERO.— ¿Adónde vais?

CHOFER.— Al Hospital de San Lucas, a por un nuevo cliente que va a ocupar la plaza de Graig. Por cierto que si quieres subir, Graig, te dejo allí. Así te ahorrarás la caminata. ¡Hale!

SONIDO.— PEQUEÑA PAUSA. PORTEZUELA QUE SE ABRE Y SE CIERRA.

PORTERO.— (EN VOZ ALTA Y EN UN ÁNGULO DE DISTANCIA DETERMINADO) Bueno, que tengas buena suerte, Graig, y no vuelvas por aquí. (RÍE).

SONIDO.— EN ESE INSTANTE, AUTOMÓVIL QUE ARRANCA EN P. P. Y VA ALEJÁNDOSE HASTA PERDERSE EN LA DISTANCIA. LUEGO UN SILENCIO ABSOLUTO DE 5 SEGUNDOS, DESPUÉS DEL CUAL ENTRARÁ EN UN DESVANECIDO MUY LENTO AMBIENTE DE CALLE DE GRAN CIUDAD CON TODOS LOS EFECTOS, QUEDANDO EN UN SEGUNDO PLANO QUE NO ESTORBE A LA ACCIÓN. SOBRE ESTOS EFECTOS, AUTOMÓVIL QUE LLEGA A P. P. Y FRENAZO.

CHOFER.— Bien, hemos llegado. Nosotros nos metemos por esa calle.

SONIDO.— PORTEZUELA QUE SE ABRE Y SE CIERRA.

CHOFER.— Adiós, Graig, y que tengas buena suerte.

SONIDO.— PAUSA. AUTOMÓVIL QUE ARRANCA EN P. P. Y SE PIERDE HASTA FUNDIRSE CON EL RESTO DE LOS EFECTOS DE CALLE. SOBRE TODOS ELLOS, PRIMERO DÉBILMENTE Y CADA VEZ CON MÁS CLARIDAD A MEDIDA QUE LOS EFECTOS DE CALLE VAN ALEJÁNDOSE, PASOS SOBRE PAVIMENTO DURO. LLEGARÁ UN MOMENTO EN QUE ESTOS PASOS SE OIRÁN ÚNICAMENTE DESPUÉS DE HABER DESAPARECIDO TODO EL AMBIENTE ANTERIOR. DESPUÉS PASOS BREVES (X) SOBRE MADERA Y LUEGO COMIENZA A SUBIR UNA ESCALERA DE 20 ESCALONES.

PORTERA.— (COMIENZA A HABLAR EN EL MOMENTO X Y SU VOZ VA ALEJÁNDOSE A MEDIDA QUE GRAIG VA SUBIENDO LA ESCALERA) ¿A dónde va Vd.? ¡Pero si es el señor Graig! ¡Señor Graig! ¿Ya está usted curado del todo? ¡Qué alegría! Su señora se alegrará mucho, pero creo que se va a llevar una sorpresa…

SONIDO.— DESPUÉS DE LOS 20 ESCALONES, 5 PASOS SOBRE TARIMA. LLAMADA CON LOS NUDILLOS EN UNA PUERTA. LUEGO PUERTA QUE SE ABRE.

ETHEL.— (DESPUÉS DE UN PEQUEÑO GRITO DE SORPRESA) ¡Arturo…! ¡Qué sorpresa! ¿Cuándo has salido?…

SONIDO.— PUERTA QUE SE CIERRA.

ETHEL.— ¿Qué miras?, ¿qué buscas? ¡Ah, ya comprendo! Los niños. (P. P. EN TONO FALSAMENTE QUEJUMBRO-SO) ¡Ah, querido! No te quise decir nada la última vez que estuve a verte. Pero ya comprenderás mi situación. Tuve que buscar un empleo y ponerme a trabajar. Los niños estaban mal atendidos y entonces los envié a Clinton con la tía Susanne. Allí están muy bien, ¿sabes? (P. P. GIMOTEANDO) Yo he sufrido mucho en este tiempo… ¡Mi pobre Arturo! Ya comprendo que esto para ti también es terrible… ¡Un hombre mudo! (LLORIQUEANDO) ¡Oh, qué espantoso! Seguramente no te admitirán en tu antiguo empleo. Si yo hubiera sabido que ibas a salir tan pronto del mani… bueno, del hospital quiero decir, le hubiera hablado al señor Moldder… El señor Moldder es mi nuevo jefe, ¿sabes? Es buenísimo. Yo trabajo como secretaria particular de él… Es un gran abogado y tiene mucho trabajo. Esta noche tendré que ir a su casa… Tú debes descansar y sobre todo no pensar en nada. Esta pobre cabeza tuya no puede ahora ocuparse de pensar. Con lo que yo gano tendremos suficiente para los dos. Claro que lo mejor es que te fueras también a descansar con los niños, a casa de la tía Susanne. Al fin y al cabo es la hermana de tu madre y tiene la obligación de ayudarnos. Nunca hizo nada por nosotros… Siento no poder ofrecerte siquiera una taza de té, pero ahora ya no puedo cocinar aquí. La señora Clibs, los primeros meses como yo no podía pagar todo el alquiler del apartamento, lo ha alquilado a otras personas, y ahora solo tenemos nuestra alcoba. (VUELVE A GIMOTEAR) También se ha quedado con los muebles en depósito, hasta que podamos pagar todo lo atrasado… ¿Y qué piensas hacer? Yo creo que debías ir esta misma mañana a los Bood y reclamar tu antiguo empleo. ¡Tienes derecho a ello!… Sobre todo si es cierto que ya estás curado.

SONIDO.— LEJANO CLAXON DE AUTOMÓVIL.

ETHEL.— ¡Ah, debo marcharme! Como el señor Moldder vive lejos, envía todos los días el coche a buscarme. Es muy bueno y muy atento. Ya le conocerás, querido. (ALGO FUERA DEL MICRO) ¿Te enfadas? No has querido ni besarme siquiera. (GIMOTEA OTRA VEZ) ¿No te das cuenta de cuánto sufro teniendo que abandonar mi casa para trabajar? (P. P.) En el cajón del armario de nuestro cuarto hay dinero. Coge el que necesites. Y come en cualquier restaurante… Y ya pensaremos esta noche lo que hemos de hacer. (MÁS ALEJADA DEL MICRO) Adiós. Vendré tarde, ¿sabes? Pero tú descansa. Vuelve pronto y acuéstate.

SONIDO.— VUELVE A OÍRSE CON INSISTENCIA CLAXON. LUEGO PUERTA QUE SE ABRE Y SE CIERRA EN P. P. DESPUÉS UN SILENCIO DE CINCO SEGUNDOS. CUATRO PASOS SOBRE TARIMA. PUERTA QUE SE ABRE Y SE CIERRA DE UN PORTAZO. CINCO PASOS SOBRE TARIMA. PASOS BAJANDO VEINTE PELDAÑOS DE ESCALERA CON UN DESCANSILLO DE TRES PASOS. LUEGO CINCO PASOS SOBRE EL PORTAL (X)

Y PASOS SOBRE PAVIMENTO DURO HASTA QUE SE INDIQUE.

PORTERA.— (EN EL MOMENTO X) (SU VOZ SE VA ALEJANDO) ¿Ya se marcha usted, señor Graig? No debía andar solo por la calle. Después de haber estado tanto tiempo en el hospital, puede ocurrirle algún accidente… Si quiere usted que le prepare algo de comer, lo haré con mucho gusto; pues como la señora Graig ahora tiene tanto trabajo…

SONIDO.— LOS PASOS SOBRE PAVIMENTO DURO CONTINUARÁN DURANTE UN ESPACIO NO INFE-RIOR A QUINCE SEGUNDOS, A PARTIR DE CUYO MOMENTO IRÁ ENTRANDO EN UN DESVANECI-DO LENTO AMBIENTE DE CALLE CON TODOS SUS EFECTOS. CUANDO EN EL FUNDIDO ESTE EFECTO GENERAL HAYA ANULADO EL DE PASOS, FUNDIRÁ A SU VEZ CON AMBIENTE DE OFICINA (REDACCIÓN). DESPUÉS DE P. P. DESCENDERÁ UN POCO.

TELEFONISTA.— ¿Qué desea? (SORPRENDIDA) ¡Pero, cómo, si es el señor Graig! ¿Ya está usted curado, Sr. Graig? (AL-ZANDO LA VOZ) ¿Dónde va, quiere hablar con el Director? Espere que le avise. (P. P.) (EN TONO ADECUADO) Mr. Bood, aquí está el señor Graig que quiere hablarle. (P. P.) Muy bien, sí, señor. (DIRIGIÉNDOSE A UN ÁNGULO DISTINTO) Puede usted pasar, Sr. Graig.

SONIDO.— SOBRE EL EFECTO ALGO ALEJADO DE OFICINA, PASOS EN P. P. SOBRE PAVIMENTO DURO.

PUERTA QUE SE ABRE Y EN EL MOMENTO DE CE-
RRAR CESA AMBIENTE.

BOOD.— Acérquese, acérquese usted, Graig. ¿Qué tal se encuentra? Ya está mejor, ¿verdad? A ver, ¿qué es esto? (COMO LEYENDO ENTRE DIENTES) Un certificado… Wolf Medical Centre… fuera de todo peligro y en uso de sus facultades mentales para ejercer cualquier profesión, tipo intelectual… Hummm. Está bien, está bien; todo esto está muy bien. Usted comprenderá, Graig, que no puede volver a su antiguo puesto… ¡Un empleado mudo! Y, claro, de momento no hay ninguna otra vacante… Además nosotros le entregamos a su esposa una cantidad en concepto de despido definitivo… Nadie creía que pudiera usted curarse. De todas maneras, si en alguna ocasión viéramos la posibilidad… Lo siento, Graig, pero ahora creo que lo que más le conviene es descansar. Tirarse una temporada en el campo y no pensar en nada. (DESDE ESTE MOMENTO, LA VOZ DE BOOD COMENZARÁ A DESVANECERSE HASTA PEDERSE POR COMPLETO) Ya me hago cargo de que su situación ahora debe ser muy crítica, pero en realidad la culpa la tienen estos hospitales modernos… De modo que dicen que está usted completamente curado y le echan a usted a la calle… No se dan cuenta de que en realidad es un enfermo, un hombre que ha perdido el uso de la palabra no puede ser nunca un hombre normal…

SONIDO.— TAMBIÉN EN FUNDIDO VA ENTRAN-
DO EN DESVANECIDO PASOS SOBRE PAVIMENTO
DURO. VAN MEZCLÁNDOSE POCO A POCO CON
AMBIENTE DE CALLE DÉBIL. LUEGO PUERTA DE

CRISTALES CON CAMPANILLA QUE ABRE Y CIERRA. PASOS SOBRE TARIMA (4).

PRESTAMISTA.— (CON LA FRIALDAD Y LA BRUSQUEDAD DE UN PRESTAMISTA) ¿Qué desea usted? (P. P.) Este reloj… ¿Es de oro?… No será robado, ¿verdad? (P. P.) Seis dólares. (P. P.) (ALZANDO UN POCO LA VOZ) Bueno, le daré seis dólares y cincuenta centavos. (P. P.).

SONIDO.— MONEDA SOBRE MOSTRADOR, PASOS, PUERTA DE CAMPANILLAS Y PASOS SOBRE PAVIMENTO CON AMBIENTE DÉBIL DE CALLE. LUEGO FUNDIRÁ CON AMBIENTE DE TABERNA O BAR. RISAS DE MUJERES Y MÚSICA EN TERCER PLANO. TODO ESTE AMBIENTE SE CONSERVA EN P. P. DURANTE UN TIEMPO DETERMINADO.

MUJER.— (MEDIO BORRACHA ENTRANDO AL MICRO). Hola, tú. ¿Qué haces aquí tan solo? ¿Me dejas que me siente contigo? Vamos a beber, ¿quieres?… Estás triste, ¿verdad? (HIPO) Yo también estoy muy triste… Vamos a emborracharnos los dos. Anda, bebe. Esto es lo mejor para curar la tristeza. (PAUSA) ¿Cómo te llamas? (HIPO) ¿No me lo quieres decir? Bueno, es igual. Me gustas mucho, ¿sabes? Yo me llamo Anny. ¿Te gusta mi nombre? (P.) ¿Por qué no bailamos? ¿No sabes bailar? (RÍE) ¿Por qué estás tan callado? Pareces mudo… (SIGUE RIENDO).

SONIDO.— EN ESTE MOMENTO ENTRARÁ UNA MÚSICA QUE DÉ SENSACIÓN DE VÉRTIGO MUY OB-

SESIONANTE Y QUE TERMINE EN UN FORTÍSIMO. LUEGO ENTRANDO DESVANECIDO PASOS DE BO-RRACHO SOBRE PAVIMENTO DURO. DESPUÉS DE P. P. VUELVEN A DESVANECERSE LENTAMENTE. PAUSA. LLAMADA DISCRETA PERO INSISTENTE CON LOS NUDILLOS EN UNA PUERTA.

EMPLEADO.— Doctor Wolf, doctor Wolf. (GOLPES) Doctor Wolf. Aquí está Graig…

SONIDO.— PUERTA QUE SE ABRE.

DIRECTOR.— ¿Qué sucede?

EMPLEADO.— Es Graig, Sr. Director. Acaba de llegar. Viene muy excitado…

DIRECTOR.— Veamos. Hágale pasar. (P. P.).

SONIDO.— PASOS DE TRES PERSONAS ENTRAN-DO AL MICRO.

DIRECTOR.— ¿Qué le sucede, Graig? Pase aquí. (P. P.) Siéntese. Está usted mareado. Ha bebido, ¿verdad?

SONIDO.— EN UN SEGUNDO PLANO, LÍQUIDO AL CAER EN UN VASO. LUEGO CUCHARILLA MOVIENDO EL CONTENIDO.

DIRECTOR.— (FUERA DE MICRO) Tome, beba esto. Se sentirá mejor. (P. P.) Y ahora veamos qué le ha ocurrido. ¿Fue usted a su casa?… ¿Encontró a su mujer?… (PAUSA).

GRAIG.— (GEMIDOS).

DIRECTOR.— Bueno, ya me figuro que no debió ser una cosa agradable… Y de su antiguo empleo, ¿qué hay?… (P. P.) No le quisieron admitir, comprendo. Para ellos es usted un hombre inútil. Pero no debe abatirse. Y sobre todo no le conviene en absoluto excitarse ni cometer excesos… (PERSUASIVO) Vuelva a su casa. Tranquilícese y piense que es necesario que se enfrente a la realidad por dura que sea. (P. P.) ¿No quiere?… Pero aquí no puede permanecer. Le hemos dado de alta. Está curado.

GRAIG.— (GEMIDOS).

DIRECTOR.— Me doy cuenta de todo lo que le pasa, Graig. Pero yo no puedo hacer nada. Este es un hospital para locos violentos, es un manicomio de enfermos peligrosos. Casi una prisión. En realidad usted no debió ingresar aquí, pero ya le he dicho en otras ocasiones que su caso me interesaba mucho. Vamos, Graig. Sea razonable. Vuelva a su casa. Haga todo lo posible por hacer que su trato con su familia, con su mujer, con sus amigos y conocidos, sea normal. No se crea inferior, ni mucho menos vencido. (DESDE ESTE MOMENTO COMIENZA A DESVANECER LA VOZ DEL DIRECTOR) Es usted joven, Graig. Puede encontrar todavía una posibilidad, si no para rehacer su vida, al menos para comenzar una vida nueva. Ya sé que le asusta la lucha. Que se sentirá más solo que nunca en medio de la gente, pero aquí no puede estar. Esto es un hospital para enfermos peligrosos, únicamente, y usted no lo es, no lo ha sido nunca…

SONIDO.— TAMBIÉN EN DESVANECIDO ENTRARÁN PASOS LENTOS SOBRE PAVIMENTO DURO CON SENSACIÓN DE ECO. LUEGO EN EL PORTAL Y ESCALERA. DESPUÉS LLAMADA CON LOS NUDILLOS Y PUERTA QUE SE ABRE Y SE CIERRA.

ETHEL.— Has tardado mucho, querido. Ya sabes lo que te aconsejé. Que regresarás pronto a casa para descansar. Y he tenido un trabajo grandísimo todo el día. Pero el señor Moldder me ha permitido venir antes para que pudiera estar contigo. Pareces muy fatigado. Anda, siéntate aquí, ponte cómodo. (P. P.) Quiero que hablemos, Arturo. Tu situación me preocupa mucho. Yo creo que todavía no estás curado del todo… ¿Estuviste en la oficina? Naturalmente te dirían que por ahora no tienen ningún empleo para ti. ¡Ya me lo figuraba! Pero no debes preocuparte. Todo se ha arreglado, ¿sabes? Gracias al señor Moldder, naturalmente. No sabes cuánto se ha interesado por ti. Piensa desde luego lo mismo que yo. Que ahora lo que te conviene es descansar una larga temporada en el campo. Y hoy mismo ha gestionado tu ingreso en un sanatorio de Rochester… Es una casa de reposo, ¿sabes? Creo que se está magníficamente. Podremos ir a visitarte una vez al mes. El señor Moldder me ha dicho que él me acompañará en su coche. ¡Ah, no te aflijas, querido! Verás como en poco tiempo te repones totalmente. Y me ha dicho que hasta es posible que puedas recuperar el habla, ¿sabes? También llevaremos un día a los niños para que puedas verlos. El señor Moldder se ha encargado de pedir tu billete para el ferrocarril. (P. P.) Mira, lo tengo aquí. Mañana mismo podrás marcharte. También me ha entregado cincuenta dólares, como anticipo de mi sueldo, claro, para los gastos. Aunque allí no necesitarás nada… (CON INQUIETUD) ¿Por qué me miras de esa manera? (ASUSTADA) ¿No te encuentras bien? Verás, lo mejor es que te acuestes.

SONIDO.— MIENTRAS ETHEL VA ALEJÁNDOSE DEL MICRO, SE OYEN TAMBIÉN LOS PASOS DE GRAIG.

ETHEL.— (VA ALEJÁNDOSE MUY POCO A POCO DEL MICRO) ¡Arturo! ¡Arturo! ¿Qué te sucede? (GRITANDO) ¡Señora Clibs! ¡Señora Clibs! ¡Socorro! ¡Socorro! (BERRIDO).

SONIDO.— ENTRA EN DESVANECIDO TICTAC DE RELOJ. CUANDO LLEGUE A P. P., COMIENZA A DESVANECER Y FUNDIRÁ CON AMBIENTE.
(VISTA DE UNA CAUSA)

FISCAL.— (ENTRANDO LENTAMENTE AL MICRO) … entonces el acusado, a sangre fría, estranguló bárbaramente a su propia esposa, Ethel Graig. Pero señores del Jurado, en este caso el Ministerio Fiscal no puede dirigir la acusación directamente contra ese pobre hombre que está sentado ahí, sino contra alguien que es responsable de sus actos. Según los antecedentes, Arturo Graig ha padecido una enfermedad mental a consecuencia de la cual quedó mudo. Un tratamiento de reeducación hubiera sido necesario para que Graig volviera al verdadero uso de todas sus facultades físicas y mentales. Pero antes de llegar a eso, fue considerado por los médicos como en estado de absoluta y total curación. Por eso hoy nuestra pregunta es: ¿Puede ser juzgado Arturo Graig como un criminal? ¿O nos encontramos ante un caso típico de locura violenta y peligrosa? (COMIENZA A DESVANECER) El informe médico se ha encargado de resolver esta incógnita, ya que según el cual Arturo Graig es un enfermo mental peligroso que debe ser recluido de nuevo en el Wolf Medical Centre…

SONIDO.— GOLPES CON LOS NUDILLOS EN UNA PUERTA.

DIRECTOR.— (DENTRO) Adelante.

SONIDO.— PUERTA QUE SE ABRE.

EMPLEADO.— Acaban de traer a Arturo Graig, señor Director.

DIRECTOR.— (FUERA DEL MICRO) Bien. Tráiganlo aquí.

SONIDO.— PASOS DE TRES PERSONAS ENTRANDO. P. P.

DIRECTOR.— (EN SEGUNDO PLANO) Está bien, Graig. Parece que se ha salido usted con la suya. (ACERCÁNDOSE A P. P.) Pero a mí no me ha engañado usted. A los otros sí ha conseguido engañarlos. (PAUSA) ¿Por qué hizo eso, Graig?

¿Usted cree que no había otro camino? ¿No pensó ni siquiera un momento en sus hijos? (EXALTÁNDOSE) ¿No se dio cuenta de que lo que cometía en aquel momento era un asesinato? (PAUSA) ¿Por qué llora? Un hombre que ha estado a un paso de la silla eléctrica, no parece lógico que llore como un chiquillo. (COMPASIVO) Comprendo su tragedia. ¡Dios quiera que este sea el comienzo de su verdadera redención! (PAUSA) (DIRIGIÉNDOSE A UN TERCERO) Que le quiten esa camisa de fuerza. Puede ocupar la misma habitación que tenía. Y no es necesario que le acompañen, Arturo Graig no es un loco peligroso…

SONIDO.— PASOS LENTOS DESDE P. P. ALEJÁNDOSE POCO A POCO HASTA PERDERSE.

LOCUTOR DE SERVICIO.— Acaban ustedes de oír *PASOS*, versión radiofónica de la narración de Percy Brown, titulada *El mudo*.

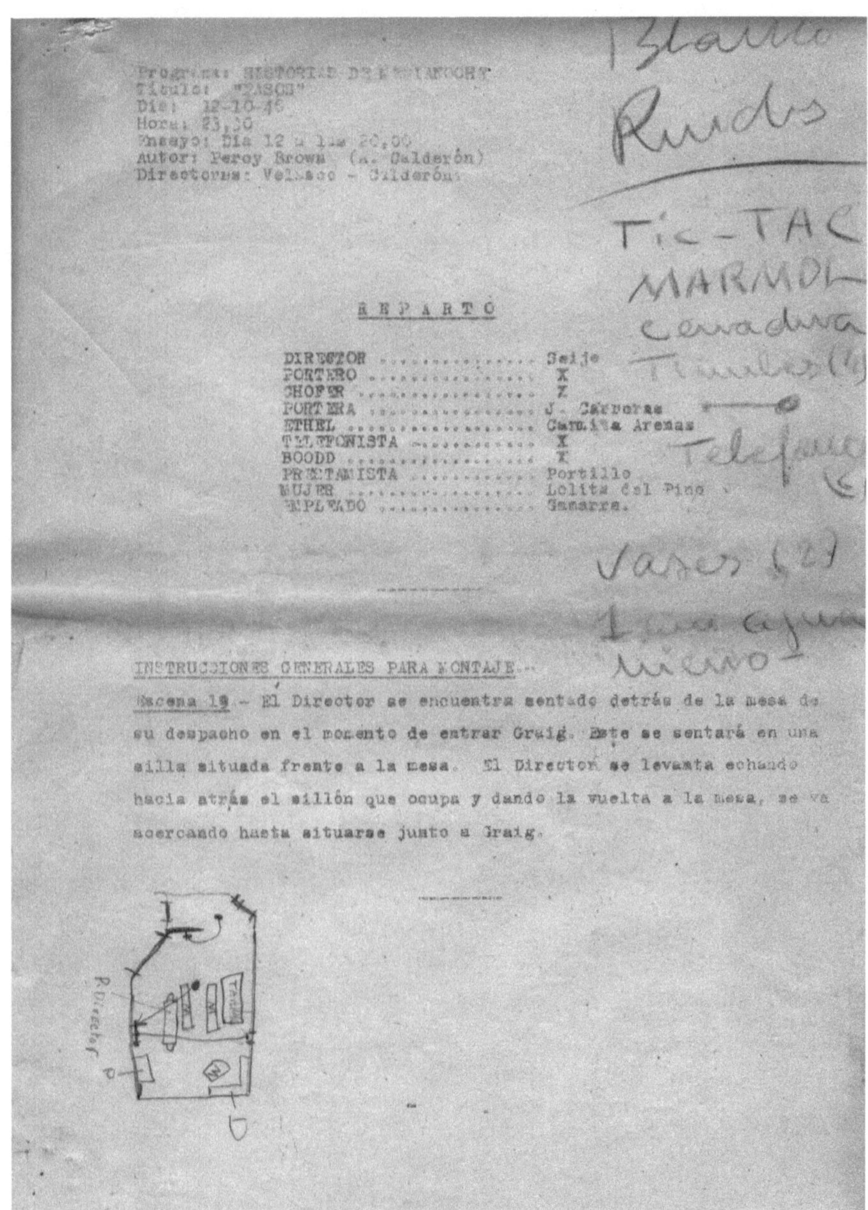

Programa: HISTORIAS DE PERSIANFORT
Título: "PASOS"
Día: 12-10-46
Hora: 23,30
Ensayo: Día 12 a las 20,00
Autor: Percy Brown (A. Calderón)
Directores: Velasco - Calderón.

R E P A R T O

DIRECTOR .... Seije
PORTERO X
CHOFER .... Z
PORTERA .... J. Carreras
ETHEL .... Carmiña Arenas
TELEFONISTA X
BOODD X
PRESTAMISTA .... Portillo
MUJER .... Lolita del Pino
EMPLEADO .... Ganarra.

INSTRUCCIONES GENERALES PARA MONTAJE.-

Escena 1ª.- El Director se encuentra sentado detrás de la mesa de

su despacho en el momento de entrar Graig. Este se sentará en una

silla situada frente a la mesa. El Director se levanta echando

hacia atrás el sillón que ocupa y dando la vuelta a la mesa, se va

acercando hasta situarse junto a Graig.

Programa: HISTORIAS DE MEDIANOCHE
Título: "PASOS"
Día: 12-10-46
Hora: 23,30
Ensayo: Día 12 a las 20,00
Autor: Percy Brown (A. Calderón)
Directores: Velasco - Calderón.

LOCUTOR DE SERVICIO.- Transmite Radio Madrid, Emisora Central de la Sociedad Española de Radiodifusión.

SONIDO.- SINTONIA Y CAMPANAS.

LOCUTOR DE SERVICIO.- Van Vds. a escuchar Historias de Medianoche. "PASOS", versión radiofónica de la narración de Percy Brown, titulada "El mudo".

SONIDO.- RESUELVE SINTONIA. AMBIENTE DE CONVERSACION EN UN TERCER PLANO. PASOS SOBRE MARMOL QUE SE ACERCAN HASTA LLEGAR A PP. ENTONCES LLAMADA CON LOS NUDILLOS EN UNA PUERTA.

DIRECTOR.- (INTERIOR) Pase.

SONIDO.- PUERTA QUE SE ABRE Y SE CIERRA (PICAPORTE)

DIRECTOR.- (EN SEGUNDO PLANO) DE DISTANCIA Y DESPUES DE UNA PAUSA) Ah, es Vd.? Buenos días, Sr. Graig. Siéntese, siéntese. (P.P.)

SONIDO.- RUIDO DE SILLA Y PASOS LENTOS HASTA SITUARSE EN PP. (ESCENA 1ª)

Pues bien, amigo mío; ha llegado el momento. Está Vd. totalmente curado de su dolencia mental... Sí; comprendo su gesto, pero ya sabe que hemos hecho todo cuanto estaba en nuestra

2.-

mano, para que Vd. recobrase el habla. ¡No ha
podido ser!... (ANSIOSAMENTE) Pero no le ha-
quiere Graig. En todo lo demás es Vd. un hombre normal. Además el cerebro humano sigue
siendo un misterio impenetrable, y quien no le
dice a Vd. que algún día al sufrir cualquier
choque, al percibir una sensación inesperada,
en uno de esos registros insospechados del sistema sensorial, Vd. no vuelve otra vez al uso
de la palabra? (P.P.) Su caso me ha interesado
mucho, muchísimo. (IRONICAMENTE) Le trataron
a Vd. como un enfermo peligroso, como un verdadero loco de atar. (RIE SUAVEMENTE) Eso fué
lo peor. Si desde el principio hubiese Vd. tenido el tratamiento adecuado a las especiales
circunstancias de su enfermedad, quién sabe,
quién sabe, si el éxito hubiera sido tan rotundo como yo deseaba. (P.P.) Una cosa le digo, Graig; cuente Vd. con mi ayuda y con mi
asistencia, tanto como director del Wolf Médical
Centre como amigo. (P.P. Y ALGO FUERA DEL MICRO)
Le voy a entregar a Vd. este certificado. Creo
que le servirá para conseguir de nuevo volver
a su antiguo empleo. (P.P.) (OTRA VEZ EN PP.)
(CARIÑOSAMENTE) Usted es casado ¿verdad?...
Bueno, perdón, tengo aquí su ficha. (DE NUEVO
ALGO FUERA DEL MICRO) Arturo Graig... 35 años
casado... empleado. (DE NUEVO EN PP) ¿Tiene
Vd. hijos?... Dos... ¿Pequeños?... ¡Ah, claro!
Es Vd. joven. Pues bien, amigo mío, ojalá empiece para Vd. una nueva vida, y digo nueva,
porque desgraciadamente el Arturo Graig que
sale hoy de Wolf Médical Centre, es distinto
al otro.

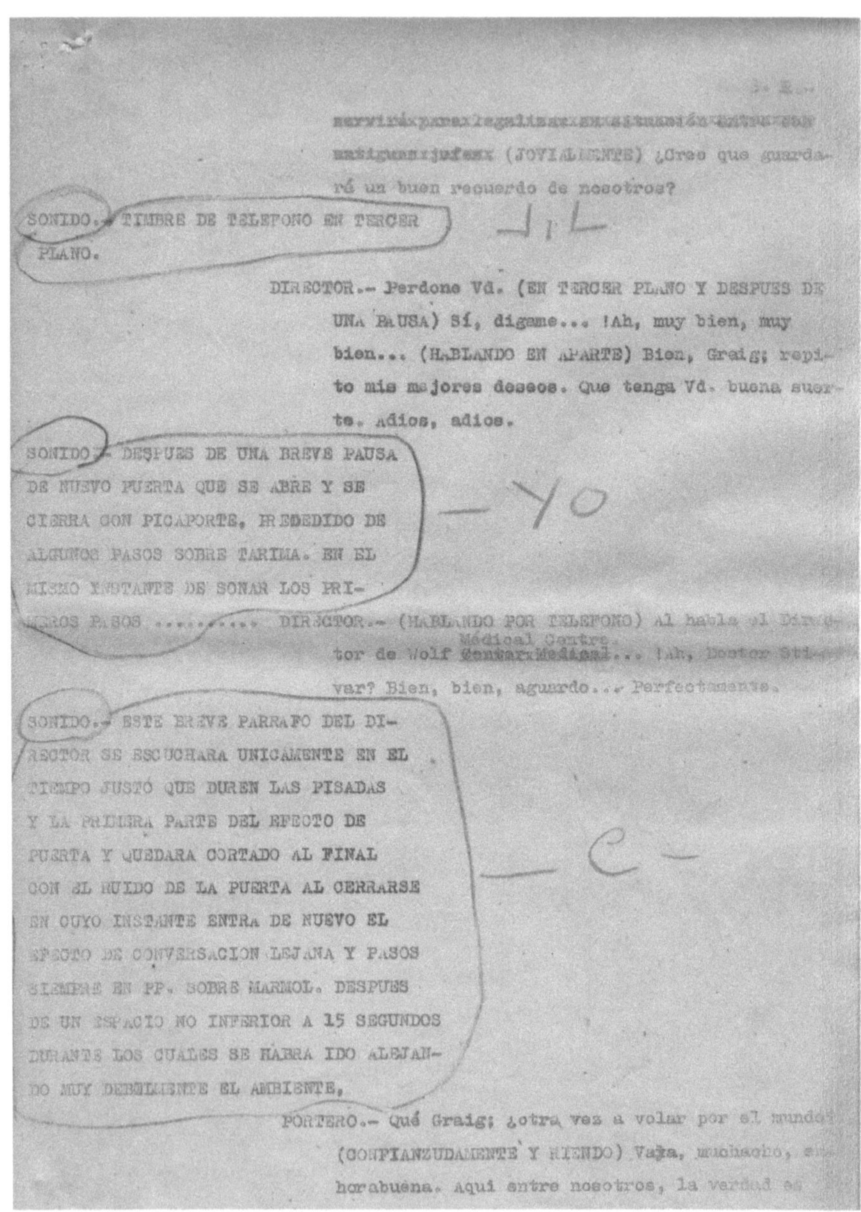

serviráxparaxlegalizarxexxxtransiénxxxxxxx
antiguasxjefesx (JOVIALMENTE) ¿Cree que guardará un buen recuerdo de nosotros?

SONIDO.- TIMBRE DE TELEFONO EN TERCER
PLANO.

DIRECTOR.- Perdone Vd. (EN TERCER PLANO Y DESPUES DE
UNA PAUSA) Sí, dígame... !Ah, muy bien, muy
bien... (HABLANDO EN APARTE) Bien, Graig; repito mis mejores deseos. Que tenga Vd. buena suerte. Adios, adios.

SONIDO.- DESPUES DE UNA BREVE PAUSA
DE NUEVO PUERTA QUE SE ABRE Y SE
CIERRA CON PICAPORTE, PRECEDIDO DE
ALGUNOS PASOS SOBRE TARIMA. EN EL
MISMO INSTANTE DE SONAR LOS PRI-
MEROS PASOS .... DIRECTOR.- (HABLANDO POR TELEFONO) Al habla el Direc-
tor de Wolf Centar Medical... !Ah, Doctor Sti-
var? Bien, bien, aguardo... Perfectamente.

SONIDO.- ESTE BREVE PARRAFO DEL DI-
RECTOR SE ESCUCHARA UNICAMENTE EN EL
TIEMPO JUSTO QUE DUREN LAS PISADAS
Y LA PRIMERA PARTE DEL EFECTO DE
PUERTA Y QUEDARA CORTADO AL FINAL
CON EL RUIDO DE LA PUERTA AL CERRARSE
EN CUYO INSTANTE ENTRA DE NUEVO EL
EFECTO DE CONVERSACION LEJANA Y PASOS
SIEMPRE EN PP. SOBRE MARMOL. DESPUES
DE UN ESPACIO NO INFERIOR A 15 SEGUNDOS
DURANTE LOS CUALES SE HABRA IDO ALEJAN-
DO MUY DEBILMENTE EL AMBIENTE.

PORTERO.- Qué Graig; ¿otra vez a volar por el mundo?
(CONFIANZUDAMENTE Y RIENDO) Vaya, muchacho, en
horabuena. Aquí entre nosotros, la verdad es

que de Wolf ...., salen pocos como
tú, pues se van al cementerio, o tienen durante toda la vida una camisa de fuerza con dos
loqueros y todo (RIE) Vaya, hombre, vaya. Y
tienes mujer y tienes hijos ¿verdad? Eso es
bueno... Mira, te acepto este cigarrillo. No
por interés, sino porque se me ha terminado a
mí el tabaco. (HABLA CON EL PITILLO EN LA BOCA
COMO RECIEN ENCENDIDO) Vaya, hombre, vaya.
Pues muy bien, muy bien. Seguramente tú serás
un hombre con una posición, y si mañana nos
encontramos en mitad de la calle, ya ni querrás mirar al pobre Rooker.

SONIDO.- AUTOMOVIL QUE SE ACERCA
A POCA MARCHA Y AL LLEGAR A PP.
FRENA.

CHOFER.- (DESDE UN TERCER PLANO)¡Eh, viejo! Abre esa
puerta.

PORTERO.- ¿Adonde vais?

CHOFER.- Al Hospital de San Lucas - - -
a por un nuevo cliente que va a ocupar la plaza de Graig. Por cierto que si quieres subir,
Graig, te dejo allí. Así te ahorrarás la caminata. ¡Hale!

SONIDO.- PEQUEÑA PAUSA. PORTEZUELA
QUE SE ABRE Y SE CIERRA.

PORTERO.- (EN VOZ ALTA Y EN UN ANGULO DE DISTANCIA
DETERMINADO) Bueno, que tengas buena suerte,
Graig, y que no vuelvas por aquí. (RIE)

SONIDO.- EN ESE INSTANTE AUTOMOVIL QUE
ARRANCA EN PP. Y VA ALEJANDOSE HASTA
PERDERSE EN LA DISTANCIA. LUEGO UN SI-
LENCIO ABSOLUTO DE 5 SEGUNDOS, DESPUES
DEL CUAL ENTRARA EN UN DESVANECIDO MUY

LENTO AMBIENTE DE CALLE DE GRAN CIUDAD
CON TODOS LOS EFECTOS, QUEDANDO EN UN
SEGUNDO PLANO QUE NO ESTORBE A LA ACCION.
SOBRE ESTOS EFECTOS AUTOMOVIL QUE LLEGA
A P.P. Y FRENAZO.

CHOFER.- Bien; hemos llegado. Nosotros nos metemos
por esa calle.

SONIDO.- PP. PORTEZUELA QUE SE ABRE Y
SE CIERRA.

CHOFER.- Adios, Graig, y que tengas buena suerte.

SONIDO.- PAUSA. AUTOMOVIL QUE ARRANCA
EN PP. Y SE PIERDE HASTA FUNDIRSE CON EL
RESTO DE LOS EFECTOS DE CALLE. SOBRE
TODOS ELLOS, PRIMERO DEBILMENTE Y CADA
VEZ CON MAS CLARIDAD A MEDIDA QUE LOS
EFECTOS DE CALLE VAN ALEJANDOSE, PASOS
SOBRE PAVIMENTO DURO. LLEGARA UN MOMENTO
EN QUE ESTOS PASOS SE OIRAN UNICAMENTE
DESPUES DE HABER DESAPARECIDO TODO EL
AMBIENTE ANTERIOR. DESPUES PASOS BREVES (X)
SOBRE MADERA Y LUEGO COMIENZA A SUBIR
UNA ESCALERA DE 20 ESCALONES.

PORTERA.- (COMIENZA A HABLAR EN EL MOMENTO X Y SU VOZ
VA ALEJANDOSE A MEDIDA QUE GRAIG VA SUBIENDO
LA ESCALERA) ¿A dónde va Vd.? ¡Pero si es
el Sr. Graig! ¡Señor Graig! ¿Ya está Vd. curado del todo? ¡Qué alegría! Su señora se
alegrará mucho pero creo que se va a llevar
una sorpresa...

SONIDO.- DESPUES DE LOS 20 ESCALONES
CINCO PASOS SOBRE TARIMA. LLAMADA CON
LOS NUDILLOS EN UNA PUERTA. LUEGO PUERTA
QUE SE ABRE.

ETHEL.- (DESPUES DE UN PEQUEÑO GRITO DE SORPRESA)
¡Arturo!... ¡Qué sorpresa! ¿Cuándo has salido?...

SONIDO - PUERTA QUE SE CIERRA.

ETHEL.- ¿Qué miras? ¿Qué buscas? ¡Ah, ya comprendo!
Los niños. (P.P.) (EN TONO FALSAMENTE QUE-
JUMBROSO) ¡Ah, querido! No te quise decir
nada la última vez que estuve a verte. Pero
ya comprenderás mi situación. Tuve que buscar un empleo y ponerme a trabajar. Los niños
estaban mal atendidos y entónces los envié
a Clinton con la tía Susanne. Allí están muy
bien ¿sabes?. (P.P.) (GIMOTEANDO) Yo he sufrido mucho en este tiempo... ¡Mi pobre Arturo!
Ya comprendo que esto para mí también es terrible... ¡Un hombre sano! (LLORIQUEANDO)
¡Oh, que espantoso! Seguramente no te admitirán en tu antiguo empleo. Si yo hubiera sabido que ibas a salir tan pronto del mani...
bueno, del hospital quiero decir, le hubiera
hablado al Sr. Moldder... El Sr. Moldder es
mi nuevo jefe ¿sabes? Es buenísimo. Yo trabajo como Secretaria particular de él... Es
un gran abogado y tiene mucho trabajo. Esta
noche tendré que ir a su casa... Tú debes descansar y sobre todo no pensar en nada. Esta
pobre cabeza tuya no puede ahora ocuparse
de pensar. Con lo que yo gano tendremos suficiente para los dos. Claro que lo mejor seria
que te fueras también a descansar con los niños, a casa de la tía Susanna. Al fin y al cabo es la hermana de tu madre y tiene la obligación de ayudarnos. Nunca hizo nada por
nosotros.... Siento no poder ofrecerte...

siquiera una taza de té, pero ahora ya no puedo cocinar aquí. La señora Olaba, los primeros meses como yo no podía pagar todo el alquiler del departamento, lo ha alquilado a otras personas, y ahora sólo tenemos nuestra alcoba. (VUELVE A GIMOTEAR) Tambien se ha quedado con los muebles en depósito, hasta que podemos pagarle todo lo atrasado... ¿Y qué piensas hacer? Yo creo que debías ir esta misma mañana a los Boodd y reclamar tu antiguo empleo. !Tienes derecho a ello!... Sobre todo si es cierto que ya estás curado.

SONIDO.- LEJANO CLAXON DE AUTOMOVIL.

ETHEL.- !Ah, debo marcharme! Como el Sr. Moldder vive lejos, envia todos los dias el coche a buscarme. Es muy bueno y muy atento. Ya le conocerás, querido. (ALGO FUERA DEL MICRO) ¿Te enfadas? No has querido ni besarme siquiera (GIMOTEA OTRA VEZ) No te das cuenta de cuanto sufro teniendo que abandonar mi casa para trabajar? (P.P.) En el cajón del armario de nuestro cuarto hay dinero. Coge el que necesites. Y come en cualquier restaurante... Y ya pensaremos esta noche lo que hemos de hacer. (MAS ALEJADA DEL MICRO) Adios. Vendré tarde ¿sabes? Pero tú descansa. Vuelve pronto y acuéstate.

SONIDO.- VUELVE A OIRSE CON INSISTENCIA CLAXON. LUEGO PUERTA QUE SE ABRE Y SE CIERRA EN PP. DESPUES UN SILENCIO DE CINCO SEGUNDOS. CUATRO PASOS SOBRE TARIMA. PUERTA QUE SE ABRE Y CIERRA DE UN PORTAZO. CINCO PASOS SOBRE TARIMA. PASOS BAJANDO VEINTE PELDAÑOS

DE ESCALERA CON UN DESCANSILLO DE
TRES PASOS. LUEGO CINCO PASOS SOBRE
EL PORTAL (X) Y PASOS SOBRE PAVI-
MENTO DURO HASTA QUE SE INDIQUE.

PORTERA.- (EN EL MOMENTO X)(SU VOZ SE VA ALEJANDO)

¿Ya se marcha Vd.? Sr. Graig? No debía andar sólo por la calle. Después de haber estado tanto tiempo en el hospital, puede ocurrirle algún accidente... Si quiere Vd. que le prepare algo de comer, lo haré con mucho gusto; pues como la Sra. Graig ahora tiene tanto trabajo...

SONIDO.- LOS PASOS SOBRE PAVIMENTO
DURO CONTINUARAN DURANTE UN ESPACIO
NO INFERIOR A QUINCE SEGUNDOS A PAR-
TIR DE ESTE MOMENTO IRA ENTRANDO EN
UN DESVANECIDO LENTO AMBIENTE DE CA
LLE CON TODOS SUS EFECTOS. CUANDO
EN EL FUNDIDO ESTE EFECTO GENERAL HAYA
ANULADO EL DE PASOS FUNDIRA A SU VEZ
CON AMBIENTE DE OFICINA (REDACCION).
DESPUES DE PP. DESCENDERA UN POCO.

TELEFONISTA.- ¿Qué desea? (SORPRENDIDA) ¡Pero cómo, si es el Sr. Graig! ¿Ya está Vd. curado, Sr. Graig? (ALZANDO LA VOZ) ¿Dónde va, quiere hablar con el Director? Espere que le avise. (P.P.) (EN TONO ADECUADO) Mr. Boodd, aquí está el Sr. Graig que quiere hablarle. (P.P.) Muy bien, si señor. (DIRIGIENDOSE A UN ANGULO DISTINTO) Puede Vd. pasar, Sr. Graig.

YO
Director

SONIDO.- SOBRE EL EFECTO ALGO ALEJADO
DE OFICINA PASOS EN PP. SOBRE PAVIMENTO
DURO. PUERTA QUE SE ABRE Y EN EL MOMEN
TO DE CERRAR CESA AMBIENTE.

BOODD.– Acérquese, acérquese Vd. Craig, ¿qué tal se
encuentra? Ya está mejor ¿verdad? A ver, ¿qué
es esto? (COMO LEYENDO ENTRE DIENTES) Un certificado... Wolf Medical Centre... fuera de todo
peligro y en uso de sus facultades mentales,
para ejercer cualquier profesión, tipo intelectual... Hummmm. Está bien, está bien; todo
esto está muy bien. Usted comprenderá Craig,
que no puede volver a su antiguo puesto... ¡Un
empleado mudo! Y claro de momento no hay ninguna otra vacante.... Además nosotros le entregamos a su esposa una cantidad en concepto de
despido definitivo... Nadie creía que pudiera
Vd. curarse. De todas maneras, si en alguna
ocasión viéramos la posibilidad... Lo siento,
Craig, pero ahora creo que lo que más le conviene es descansar. Tirarse una temporada al
campo y no pensar en nada. (DESDE ESTE MOMENTO
LA VOZ DE BOODD COMENZARÁ A DESVANECER HASTA
PERDERSE POR COMPLETO) Ya me hago cargo de que
su situación ahora debe ser muy crítica, pero
en realidad la culpa la tienen en estos hospitales modernos... De modo que dicen que está
Vd. completamente curado y le echan a Vd. a la
calle... No se dan cuenta de que en realidad
es un enfermo, un hombre que ha perdido el uso
de la palabra no puede ser nunca un hombre normal....

SONIDO.– TAMBIEN EN FUNDIDO VA ENTRANDO
EN DESVANECIDO PASOS SOBRE PAVIMENTO DURO.
VAN MEZCLANDOSE POCO A POCO CON AMBIENTE
DE CALLE DEBIL. LUEGO PUERTA DE CRISTALES
CON CAMPANILLA QUE ABRE Y CIERRA. PASOS

SOBRE TARIMA (4).

PRESTAMISTA.— (CON LA FRIALDAD LA BRUSQUEDAD Y LA [...]
DE UN PRESTAMISTA) ¿Qué desea Vd.? (P.P.) Este
reloj... ¿Es de oro?... No será robado ¿verdad?
(P.P.) Seis dólares. (P.P.) (ALZANDO UN POCO LA
VOZ) Bueno, le daré seis dólares cincuenta cen-
tavos. (p.P.)

SONIDO.— MONEDA SOBRE MOSTRADOR.
PASOS, PUERTA DE CAMPANILLAS Y
PASOS SOBRE PAVIMENTO CON AMBIENTE
DEBIL DE CALLE. LUEGO FUNDIRA CON
AMBIENTE DE TABERNA O BAR. RISAS DE
MUJERES Y MUSICA EN TERCER PLANO.
TODO ESTE AMBIENTE SE CONSERVARA EN
PP. DURANTE UN TIEMPO DETERMINADO.

MUJER.— (MEDIO BORRACHA ENTRANDO AL MICRO) Hola, tú...
¿Qué haces aquí tan sólo? ¿Me dejas que me sien-
te contigo?. Vamos a beber, ¿quieres?... Estás
triste ¿verdad? (HIPO) Yo tambien estoy muy tris-
te... Vamos a emborracharnos los dos. Anda, bebe.
Esto es lo mejor que hay para curar la tristeza.
(PAUSA) ¿Cómo te llamas?. (HIPO) No me lo quieres
decir? Bueno, es igual. Me gustas mucho ¿sabes?
Yo me llamo Anny. ¿Te gusta mi nombre?. (P.)
¿Por qué no bailamos? ¿No sabes bailar? (RIE)
¿Por qué estas tan callado? Pareces mudo... (SI-
GUE RIENDO)

SONIDO.— EN ESTE PUNTO ENTRARA UNA
MUSICA QUE DE SENSACION DE VERTIGO
MUY OPRESIONANTE Y QUE TERMINE EN
UN FORTISIMO. LUEGO ENTRANDO EN DES-
VANECIDO PASOS DE BORRACHO SOBRE PA-
VIMENTO DURO. DESPUES DE PP. VUELVEN

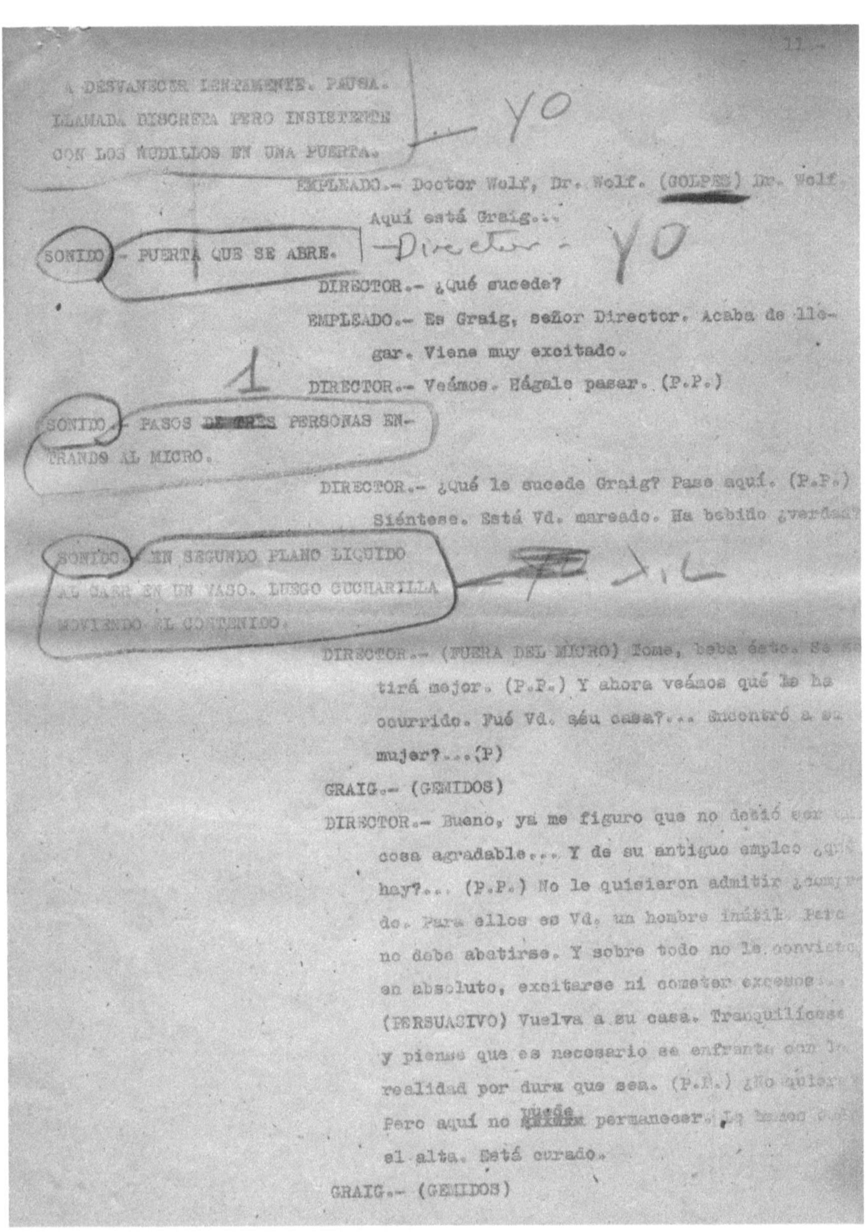
A DESVANECER LENTAMENTE. PAUSA.
LLAMADA DISCRETA PERO INSISTENTE
CON LOS NUDILLOS EN UNA PUERTA.

EMPLEADO.- Doctor Wolf, Dr. Wolf. (GOLPES) Dr. Wolf.
Aquí está Graig...

SONIDO.- PUERTA QUE SE ABRE.

DIRECTOR.- ¿Qué sucede?
EMPLEADO.- Es Graig, señor Director. Acaba de lle-
gar. Viene muy excitado.
DIRECTOR.- Veámos. Hágale pasar. (P.P.)

SONIDO.- PASOS DE TRES PERSONAS EN-
TRANDO AL MICRO.

DIRECTOR.- ¿Qué le sucede Graig? Pase aquí. (P.P.)
Siéntese. Está Vd. mareado. Ha bebido ¿verdad?

SONIDO.- EN SEGUNDO PLANO LIQUIDO
AL CAER EN UN VASO. LUEGO CUCHARILLA
MOVIENDO EL CONTENIDO.

DIRECTOR.- (FUERA DEL MICRO) Tome, beba ésto. Se sentirá mejor. (P.P.) Y ahora veámos qué le ha
ocurrido. ¿Fué Vd. a su casa?... ¿Encontró a su
mujer?...(P)
GRAIG.- (GEMIDOS)
DIRECTOR.- Bueno, ya me figuro que no debió ser una
cosa agradable... Y de su antiguo empleo ¿qué
hay?... (P.P.) No le quisieron admitir ¿comprende?.
de. Para ellos es Vd. un hombre inútil. Pero
no debe abatirse. Y sobre todo no le conviene,
en absoluto, excitarse ni cometer excesos...
(PERSUASIVO) Vuelva a su casa. Tranquilícese
y piense que es necesario se enfrente con la
realidad por dura que sea. (P.P.) ¿No quiere?
Pero aquí no puede permanecer. Le hemos dado
el alta. Está curado.
GRAIG.- (GEMIDOS)

DIRECTOR.- Me doy cuenta de todo lo que le pasa Graig.
Pero yo no puedo hacer nada. Este es un hospital para locos violentos, es un manicomio de
enfermos peligrosos. Casi una prisión. En realidad Vd. no debió ingresar aquí, pero ya le
he dicho en otras ocasiones que su caso me interesaba mucho. Vamos, Graig. Sea razonable.
Vuelva a su casa. Haga todo lo posible por hacer
que su trato con su familia, con su mujer, con
sus amigos y conocidos, sea normal. No se crea
inferior, ni mucho menos vencido. (DESDE ESTE
MOMENTO COMIENZA DESVANECER LA VOZ DEL DIRECTOR)
Es Vd. joven, Graig. Puede encontrar todavía
una posibilidad, sino para rehacer su vida,
al menos para comenzar una vida nueva. Ya sé
que le asusta la lucha. Que se sentirá más solo
que nunca en medio de la gente, pero aquí no
puede estar. Esto es un hospital para enfermos
peligrosos, unicamente, y Vd. no lo es, no lo
ha sido nunca...

SONIDO - TAMBIEN EN DESVANECIDO ENTRARAN
PASOS LENTOS SOBRE PAVIMENTO DURO CON
SENSACION DE ECO. LUEGO EN EL PORTAL
Y ESCALERA. DESPUES LLAMADA CON LOS
NUDILLOS Y PUERTA QUE SE ABRE Y CIERRA.

ETHEL.- Has tardado mucho, querido. Ya sabes lo que
te aconsejé. Que regresaras pronto a casa para descansar. Yo he tenido un trabajo grandísimo todo el día. Pero el Sr. Moldder me ha permitido venir antes para que pudiera estar conti
Pareces muy fatigado. Anda, siéntate aquí; pon
cómodo. (P.P.) Quiero que hablemos, Arturo. Mi
situación me preocupa mucho. Yo creo que todo

13.-

...via no estás curado del todo... ¿Estuviste en la oficina? Naturalmente te dirían que por ahora no tienen ningun empleo para tí. ¡Ya me lo figuraba! Pero no debes preocuparte. Todo se ha arreglado ¿sabes? Y gracias al Sr. Moldder, naturalmente. No sabes cuanto se ha interesado por tí. Piensa desde luego lo mismo que yo. Que ahora lo que te conviene es descansar una larga temporada en el campo. Y hoy mismo ha gestionado tu ingreso en un sanatorio de Rochester... Es una casa de reposo ¿sabes? Creo que se está magníficamente. Podremos ir a visitarte una vez al mes. El Sr. Moldder me ha dicho que él me acompañará en su coche. ¡Ah, no te aflijas, querido. Verás como en poco tiempo te repones totalmente. Y me ha dicho que es posible que hasta puedas recuperar el habla ¿sabes? También llevaremos un día a los niños para que puedas verlos. El Sr. Moldder se ha encargado de pedir tu billete para el ferrocarril. (P.P.) Mira, lo tengo aquí. Mañana mismo podrás marcharte. También me ha entregado cincuenta dólares, como anticipo de mi sueldo, para los gastos. Aunque allí no necesitarás nada... (CON INQUIETUD) ¿Por qué me miras de esa manera? (ASUSTADA) No te encuentras bien? Verás, lo mejor es que te acuestes. (VA ALEJANDOSE MUY POCO A POCO DEL MICRO) ¡Arturo! ¡Arturo! ¿Qué te sucede? (GRITANDO) ¡Señora Clibs! ¡Señora Clibs! ¡Socorro! ¡Socorro! (RETIRO)

SONIDO.- MIENTRAS ETHEL VA ALEJANDOSE DEL MICRO SE OYEN TAMBIEN LOS PASOS DE GRAIG.

SONIDO.- ENTRA EN DESVANECIDO EL TIC TAC DE RELOJ. CUANDO LLEGUE A PP COMIENZA A DESVANECER, Y FUNDIRA CON AMBIENTE. (VISTA

DE UNA CAUSA)

FISCAL.- (ENTRANDO LENTAMENTE AL MICRO).- ...iéndose acusado a sangre fría, estranguló bárbaramente a su propia esposa, Ethel Graig. Señores del Jurado, en este caso el Ministerio Fiscal no puede dirigir la acusación directamente contra ese pobre hombre que está sentado ahí, sino contra alguien que es responsable de sus actos. Según los antecedentes, Arturo Graig ha padecido una enfermedad mental a consecuencia de la cual quedó mudo. Un tratamiento de reeducación hubiera sido necesario para que Graig volviera al verdadero uso de todas sus facultades físicas y mentales. Pero antes de llegar a eso, fue considerado por los médicos como en estado de absoluta y total curación. Por eso hoy nuestra pregunta es: ¿Puede ser juzgado Arturo Graig como un criminal? O nos encontramos ante un caso típico de locura violenta y peligrosa? (CONTINÚA A DESVANECER) El informe médico se ha encargado de resolver esta incógnita, ya que según el cual Arturo Graig es un enfermo mental peligroso que debe ser recluído de nuevo en el Wolf Medical Centre...

SONIDO.- SUBEN MURMULLOS Y LUEGO BAJAN.

SONIDO.- GOLPES CON LOS NUDILLOS EN UNA PUERTA.

DIRECTOR.- (DENTRO) Adelante.

PUERTA QUE SE ABRE.

EMPLEADO.- Acaban de traer a Arturo Graig, Sr. Director.

DIRECTOR.- (FUERA DEL MICRO) Bien, tráiganlo aquí.

SONIDO.- PASOS DE TRES PERSONAS ENTRANDO.

(P.P.)

(EN SEGUNDO PLANO) Está bien, Graig, parece que ha salido Vd. con la suya. (ACERCÁNDOSE A ...

Pero a mí no me ha engañado Vd.. A los otros
sí ha conseguido engañarlos. (P) ¿Por qué hizo
eso, Craig? Usted cree que no había otro camino? ¿No pensó ni siquiera por un momento en sus
hijos? (EXALTANDOSE) ¿No se dió cuenta que lo
que cometía en aquel momento, era un asesinato?
(P) ¿Por qué llora? Un hombre que ha estado a
un paso de la silla eléctrica, no parece lógico
que llore como un chiquillo. (COMPASIVO) Comprendo su tragedia. ¡Dios quiera que este sea
comienzo de su verdadera redención!(P) (DIRI-
DOSE A UN TERCERO) Que le quiten esa camisa de
fuerza. Puede ocupar la misma habitación que
tenía. Y no es necesario que le acompañen, Arturo Craig no es un loco peligroso...

.... CRAIG EP,
ALEJANDOSE POCO A POCO HASTA PER-
DERSE.

LOCUTOR DE SERVICIO.- Acaban Vds. de oír "PASOS",
versión radiofónica de la narración de Percy
Brown, titulada "El mudo".

IX. Bibliografía y fuentes

AFUERA HEREDERO, Ángeles: *La sociedad Unión Radio: empresa, emisora y programación (1925-1939)*. Tesis Doctoral. 2019. *Aquí, Unión Radio. Crónica de la primera cadena española*. Ed. Cátedra. 2021

ALBERCA, Luisa y SAUTIER CASASECA, Guillermo: *Lo que no muere (serial)*. 1953.

ÁLVAREZ PELAEZ, Raquel y HUERTAS GARCÍA-ALEJO, Rafael: *¿Criminales o locos?* CSIC. Cuadernos Galileo de Historia de la Ciencia, 1987.

AZCÁRATE, Manuel: *Derrotas y esperanzas*. Tusquets, 1994.

BALSEBRE, Armand: *Historia de la radio en España*. Cátedra, 2002. *El lenguaje radiofónico*. Cátedra, 2000.

BAREA, Pedro: *La estirpe de Sautier*. El País-Aguilar, 1994.

BEAUMONT, José F.: «Antonio Calderón. La radio ha transmitido durante años realidades inventadas». Entrevista. *El País*, 3 de nov. de 1982.

BIESCAS, José Antonio y TUÑÓN DE LARA, Manuel: *España bajo la dictadura franquista*. Vol. X de *Historia de España*. Dirigida por Manuel Tuñón de Lara. Editorial Labor, 1985.

BLANCO, Mae: *Conversaciones en torno a Enrique Blanco*.

CALDERÓN, Antonio: *Entrevistas y conversaciones con el autor*. Grabación, 2004.

Escritos autobiográficos. Inédito.

Pasos. Guion. (Percy Brown). 1946.

Viajes y narraciones. (Percy Brown). Ediciones Verdad, 1947.

La radio medio de expresión. Lección en la Universidad de Navarra. Facultad de Ciencias de la Información. 24 de abril de 1975.

La radio como medio de creación y de expresión. Ponencia en Rencontres de Tenerife. 1976.

Seminario para locutores. Ponencia. 1972.

CARRILLO, Santiago: *Memorias.* Planeta, 2007.

CASTELLÓ ROVIRA, Juan: *La radio amordazada.* Sedmay Ediciones, 1977.

CASTILLA DEL PINO, Carlos: *Pretérito imperfecto.* Tusquets, 1997.

CERVERA GIL, Javier: «La radio: un arma más de la Guerra Civil en Madrid». *Historia y Comunicación Social,* n.º 3, 1998.

DÍAZ, Lorenzo: *La radio en España. 1923-1993.* Alianza Editorial, 1992.

EYMAR FERNÁNDEZ, Enrique (juez especial) y GOMEZ LÁZARO, Faustino (secretario de causas): *Sentencia en Consejo de Guerra contra Enrique Blanco Lillo.* Causa 68345. Juzgado especial de delitos de espionaje. 1946.

FAUS BELAU, Ángel: *La radio en España. 1896-1977.* Taurus, 2007.

La radio: introducción a un medio desconocido. Guadiana de Publicaciones, 1973.

FUNDACIÓN PABLO IGLESIAS: *Diccionario Biográfico del Socialismo Español.*

GALÁN, Diego y LARA, Fernando: *18 españoles de posguerra.* Planeta, 1973.

GINZO GÓMEZ, Juana y RODRÍGUEZ OLIVARES, Luis: *Mis días de radio.* Temas de hoy, 2004.

GONZÁLEZ, Carlos: *Mi pasado se paró de repente. ¿Predestinación?* Inédito.

Entrevistas con el autor.

GRANDES, Almudena: *Los pacientes del doctor García*. Tusquets, 2017.

La madre de Frankenstein. Tusquets, 2020.

GUZMÁN, Eduardo de: *Nosotros los asesinos*. Ed.Vosa, 2008.

«Después del 1 de abril: un millón de presos políticos y doscientos mil muertos en España». *Tiempo de Historia*, n.º 41, abril 1978.

HAYES, J. H. Carlton: *Misión de guerra en España*. EPESA, 1956.

HUGHES, Emmet: *Report for Spain.*

JAGLOM, Henry y WELLES, Orson: *Mis almuerzos con Orson Welles*. Edición de Peter Biskind. Anagrama, 2015.

JULIÁ, Santos; RINGROSE, David y SEGURA, Cristina: *Madrid, historia de una capital*. Alianza Editorial, 1994.

KIEVE, Robert Steiner. El arte radiofónico. EPESA, 1945.

Entrevistas y correos con el autor.

KOCH, Howard: *La guerra de los mundos* (guion).

La Emisión del Pánico. Centro de Creación Experimental de la Univ. de Castilla-La Mancha y Dip. de Cuenca, 2002.

LEAMING, Bárbara: *Orson Welles*. Tusquets Editores, 1986.

MENÉNDEZ, Juan Manuel: *La epopeya del «Chato».*

MUNSÓ CABÚS, Juan: *40 años de radio. 1940-1980.* Ediciones Picazo, 1980.

NIETO, Miguel Ángel: *Bobby Deglané. El arquitecto de la radio española.* Ediciones B, 2005.

PIZARROSO QUINTERO, Alejandro: «Información y propaganda norteamericana en España durante la Segunda Guerra

Mundial». *Revista Complutense de Historia de América*, n.º 24, 1998.

PRESTON, Paul: *Franco, Caudillo de España*. Grijalbo, 1994.

El holocausto español. Editorial Debate, 2011.

RAMONET, Ignacio: *La tiranía de la comunicación*. Editorial Debate, 1998.

REAL ACADEMIA DE LA HISTORIA: *Diccionario biográfico*.

ROCA, Paco.- *Los surcos del azar* (novela gráfica). Astiberri Ed., 2020.

RODAO, Florentino: *Franco y el imperio japonés*. Plaza & Janés, 2002.

«Japón y la propaganda totalitaria en España, 1937–1945». *Revista Española del Pacífico*, n.º 8, 1998.

SALABERT, Juana: *Hijas de la ira. Vidas rotas por la Guerra Civil.* Plaza & Janés, 2005.

SAUTIER CASASECA, Guillermo y BARÓN, Rafael: *Ama Rosa* (guion). 1959.

Ama Rosa (novela). Ediciones Cid, 1959.

SERRANO, Secundino: *Maquis*. Temas de Hoy, 2001.

SOPEÑA, Manuel: *Recuerdos para un apunte de la Historia de la SER*. Inédito.

TATO CUMMING, Gaspar: *El imperio del Manchu-kuo*. Ed. Alonso, 1941.

Tokio. Un español entre geishas. Ed. Febo, 1945.

China, Japón y el conflicto chino-japonés. Editorial Española, 1939.

TUSELL, Javier: *Dictadura franquista y democracia, 1939-2004*. Crítica, 2005.

VARIOS: *Expediente de depuración de un trabajador de Unión Radio. Documento.* 1939-1941.

VARIOS: *En el aire. 75 años de radio en España.* Cadena SER, 1999.

VARIOS: *La mirada del tiempo. La dictadura franquista. Vols. 5 y 6. El País,* 2006.

WEINER, Tim: *Legado de cenizas. La historia de la CIA.* Penguin Random House, 2008.

WELLS, H. G.: *La guerra de los mundos.* Random House Mondadori, 2010.

WELLES, Orson y BOGDANOVICH, Peter: *Ciudadano Wells.* Grijalbo, 1994.

Sobre el autor

Luis Rodríguez Olivares (1944) pertenece a la generación de periodistas radiofónicos nacida profesionalmente al inicio de la década de los años setenta, cuando se vivió con extraordinaria intensidad la explosión informativa surgida al final de la dictadura franquista. A pesar de las dificultades, la radio cumplió un papel fundamental a la hora de satisfacer las demandas de una sociedad que necesitaba y exigía explicaciones solventes de lo que estaba ocurriendo en España.

En la SER dirigió y presentó los principales espacios informativos de la cadena: *Hora XXV,* de cuyo equipo funda-cional formó parte, y también *Matinal, Hora 14* y otros. Dirigió programas especiales y fue enviado especial a acontecimientos destacados. Su reportaje titulado «23-F, el golpe retransmitido», basado en el golpe de Estado de 1981, recibió el Prix Italia otorgado por la RAI en la categoría de documentales.

En Onda Madrid dirigió el informativo y magacín de la mañana antes de ser nombrado director de Antena de la emisora pública de la Comunidad de Madrid. En Radio Nacional (RNE) dirigió los informativos del fin de semana. Aunque fundamentalmente ha desarrollado su trabajo en la radio, también ha colaborado en prensa y televisión. Es coautor, junto con Juana Ginzo, de los libros *Mis días de radio. La España de los 50 a través de las ondas* y *Parejas* (Temas de Hoy).

Índice